阿拉伯语教育与研究
全国优秀案例集
（总第一辑）

主　　编　罗　林　付志明
执行主编　陈　杰　侯宇翔
副 主 编　马妍哲　陈　铮

　　本书为新文科建设背景下一流阿拉伯语人才培养暨阿拉伯语专业课程思政研讨会论文集，是2019年北京高等教育本科教学改革创新项目"新文科下的阿拉伯语高端人才培养模式研究"（项目编号：11110010005）的阶段性成果、北京市高精尖学科建设的阶段性成果，以及中山大学和北京第二外国语学院国家级一流专业（阿拉伯语）建设的阶段性成果。
　　本书由中山大学"一带一路"研究院资助出版，是中山大学新时代外语教育与教材编写研究中心丛书。

·广州·

版权所有　翻印必究

图书在版编目（CIP）数据

阿拉伯语教育与研究：全国优秀案例集．总第一辑/罗林，付志明主编；陈杰，侯宇翔执行主编—广州：中山大学出版社，2021.11

ISBN 978-7-306-07308-2

Ⅰ.①阿… Ⅱ.①罗…②付…③陈…④侯… Ⅲ.①阿拉伯语—教学研究—文集 Ⅳ.①H379.3-53

中国版本图书馆 CIP 数据核字（2021）第 231806 号

ALABOYU JIAOYU YU YANJIU · QUANGUO YOUXIU ANLI JI（ZONG DI-YI JI）

出 版 人：	王天琪
策划编辑：	熊锡源
责任编辑：	熊锡源
封面设计：	米卡（mica）设计工作室　曾婷
责任校对：	吴政希
责任技编：	靳晓虹
出版发行：	中山大学出版社
电　　话：	编辑部 020-84110283，84113349，84111997，84110779，84110776
	发行部 020-84111998，84111981，84111160
地　　址：	广州市新港西路 135 号
邮　　编：	510275　　　传　真：020-84036565
网　　址：	http://www.zsup.com.cn　　E-mail：zdcbs@mail.sysu.edu.cn
印 刷 者：	佛山市浩文彩色印刷有限公司
规　　格：	787mm×1092mm　1/16　11.25 印张　225 千字
版次印次：	2021 年 11 月第 1 版　2021 年 11 月第 1 次印刷
定　　价：	35.00 元

如发现本书因印装质量影响阅读，请与出版社发行部联系调换

本书编委会

荣誉主任：周 烈 蔡伟良
主　　任：罗 林 付志明
编　　委（按姓氏笔画排序）：
　　　　　丁 隆　马妍哲　马和斌　马福德　王 昕　刘欣路
　　　　　朵宸颉　吴 昊　肖 凌　陈 杰　陈 铮　周 华
　　　　　周 玲　金忠杰　侯宇翔　段智婕　曹笑笑
编辑部成员：张丹丹　杨 帆　刘利华

序一
新文科建设与阿拉伯语人才培养

罗林

（教育部高校外国语言文学类专业教学指导委员会副主任委员、
阿拉伯语分指导委员会主任委员）

2019年2月，遵照教育部的要求，高校外国语言文学类专业教学指导委员会阿拉伯语分指导委员会起草通过了《阿拉伯语新文科建设宣言》，这是各校阿语人集体智慧的结晶，也是新文科背景下阿拉伯语专业建设的行动纲领。

关于《阿拉伯语新文科建设宣言》，它的总体思路是，坚守优良传统，顺应时代挑战，积极推进发展。首先，阿拉伯语专业要坚守的是什么？坚守服务国家战略的宗旨，强调思政教育和培养社会主义接班人和建设者的理念，坚持阿拉伯语前辈们业已形成的阿拉伯语人才培养传统。其次，阿拉伯语专业要创新的是什么？顺应人工智能时代的挑战，充分发挥网络技术、电子技术对人才培养过程的服务与支持作用。积极充实在线课程建设，努力扩大与加深国内高校有关教育教学资源的互联互通互享的范围和程度，积极探索与阿拉伯地区知名高校的课程网络资源共享空间。坚持中国特色，打造质量一流的本科人才培养体系，培养优秀跨学科人才。以国别和区域为纲，以语言、文学、历史、文化、外交等领域的课程学习和课外实践为目的，培养既具备出色的专业能力和管理能力，又具备良好的外语能力，能满足国家、社会、人民乃至国际组织任职要求和"一带一路"高质量发展需要的高素质、国际化、复合型人才。通过人文与社科交叉融合，打造"阿语+国政""阿语+国经""阿语+法学"等新专业、新方向。通过宽口径、厚基础、长学制、贯通培养，探索阿语"本硕博学术型"人才培养的新模式。通过新文科建设摸索阿拉伯语教育的新理论，开展课程改革，加强内部挖掘和学科外的专业研究改革，设立新课程，促进教材建设，以文化建设为目的，改变以语言培训为特色的现有语言教材体系，研发新教材。

教育部新文科建设工作组组长樊丽明教授在其署名文章《"新文科"：时代需求与建设重点》中指出，社会大变革的时代，一定是哲学、社会科学大发展的时代。中国建设新文科的核心要义，是顺应新科技革命和产业变革的大趋势，着眼实现传统文化的创造性转化、创新性发展的新任务，立足中国特色社会主义进入新时代的新节点，基于坚持推动构建人类命运共同体的新主张，促进文科发展的融合化、时代性、中国化、国际化、服务人的现代化目标。新文科建设的重点在于新专业或新方向、新模式、新课程、新理论的探索与实践。

一、不忘初心，牢记使命

阿拉伯语专业要坚守服务国家战略的宗旨，强调思政教育和培养社会主义接班人建设者的理念。改革开放后，特别是党的十八大以来，面对时代潮流与国际大势，习近平总书记提出"一带一路"倡议，将我国的发展与沿线国家发展相结合。阿拉伯国家地处"一带一路"交界处，是共建"一带一路"的天然合作伙伴。在此背景下，我们对阿语人才的需求越来越大，质量要求也越来越高。党的十九大胜利召开，中国特色社会主义进入新时代，中国高等教育进入新的历史发展阶段，本科教育引起各方高度关注。2018年5月2日，习近平总书记在视察北京大学时发表了重要讲话。这次讲话是党的十九大后习总书记首次系统地谈高等教育，讲话强调了四个重要的论断。第一，高等教育是一个国家发展水平和发展潜力的重要标志。第二，党和国家事业发展对高等教育的需求，对科技知识、优秀人才的需求，比以往任何时候都更为迫切。第三，培养社会主义建设者和接班人，是各级各类学校共同的使命。第四，走内涵式发展道路，是我国高等教育发展的必由之路。深刻理解、准确把握习总书记的讲话精神，切实联系高校阿拉伯语专业发展的现状，迫切需要国内高校加快阿拉伯语专业的转型驱动和创新发展，从而实现筑牢民族复兴的基础工程、努力培养中国特色社会主义建设者和接班人的目标。教育兴则国家兴，教育强则国家强。高等教育是一个国家发展水平和发展潜力的重要的标志。作为高等教育的重要组成部分，阿拉伯语专业工作，要以更高的历史站位，更宽广的国际视野，办好让人民满意的阿拉伯语专业教育，培养有理想、有本领、有担当的阿拉伯语专业人才，将学生的自身发展与国家需求紧密结合，将个人梦想与中华民族伟大复兴的中国梦相结合。此外，做好服务国家战略的重要抓手，坚持推进"一带一路"走深走实。习总书记指出，放眼世界，我们面对的是百年未有之大变局。21世纪以来，一大批新兴国家和发展中国家快速发展，世界多极化进程加速，国际格局日益均衡，国际潮流大势不可逆转。新时代新形势下的阿拉伯语人才培养，应以国家战略需求为导向，以服务"一带一路"走深、走实为目标，为国家建设发展提供智力保障。

二、坚守优良传统，坚持阿拉伯语前辈们形成的
阿拉伯语人才培养传统

我们国家的阿拉伯语教育水平在世界范围内是名列前茅的，阿拉伯语是中国

最有底蕴和内涵的外语语种之一。一般认为，我国的外语教学起源于东汉末年，但是最早的佛经翻译所使用的梵文、巴利文已经失传，而一定意义上可以说，阿拉伯语是我国最古老的外语专业，它起于唐、兴于宋、盛于元。唐永徽二年（公元651年）八月二十五日，大食国遣使朝见，这被认为是阿拉伯语正式入华的开始，距今已有1370年了。1946年，马坚先生在北京大学建立阿拉伯语专业，是中国阿拉伯语专业进入我国高等教育的开端。同时，阿拉伯语是世界上最重要的语言之一。根据联合国语言实力排名，在世界6000余种当代语言中，阿拉伯语位列英语、汉语、法语之后，名列第四或第五，与西班牙语地位基本相当，且在地域、国家、人口、经济、交流、知识、媒体、外交等指标上处于世界前列。中华人民共和国成立后，我国高校开设阿拉伯语专业，为国家的外交、经贸、文化等领域培养了一大批杰出人才。我国的阿拉伯语教育是成功的，我们的优良传统不能丢。

三、走出传统教学的舒适区，推动新文科建设

新文科是新时代赋予高校教育的新使命。阿拉伯语专业作为外国语言文学一级学科的重要组成部分，应打破专业壁垒，推动新文科建设，加强多学科协同，推进建设具有综合性、跨学科、融通性特征的新文科。2018年1月，教育部颁布《普通高等学校本科专业教学质量国家标准》。对标该标准，结合我国高校阿拉伯语专业发展的现状，来自全国50多所开设阿拉伯语专业高校的专家学者，共同研发制订了《普通高等学校本科阿拉伯语专业教学指南》（以下简称《指南》）。根据《指南》的要求，我们要将工作的重点放在创新培养方式上，激发学生学习阿拉伯语的兴趣和潜能。"培养什么人"是教育的首要问题。《指南》更加强调以学生为中心，通过制定培养目标、培养规则，改革课程体系、教学要求等，落实扩大高校办学自主权，强化实践，发挥学生的主观能动性，推动阿拉伯语专业从"教得好"向"学得好"转变。阿拉伯语专业新文科建设的路径，通过人文与社科交叉融合，打造"阿语+国际政治""阿语+国际经济"和"阿语+法学"等新专业新方向，通过宽口径、厚基础、长学制贯通培养，探索阿拉伯语"本硕博学术型"人才培养的新模式。通过新文科建设摸索阿拉伯语教育的新理论，开展课程改革，挖掘内部潜力，设立新的课程，促进教材建设，研发新的教材。

四、充分发挥工具性的优势,不成为其他学科和专业的附庸

从古至今,中国外语学科的内涵是丰富的,从未局限于语言和文学。正如胡壮麟教授所说,"外语学科"的提法,虽然只有四个字,但是却比"外国语言文学学科"的概念开阔多了,所以,我们更主张用外语学科代替现有的外国语言文学学科。外语学科可考虑分为以下四类专业,即文学、语言、翻译和文化。所谓的文化,就是与外语有关的国家的文化和国情。胡壮麟教授所提出的"四分法",与2017年国务院学位办将外语学科下设的13个二级学科调整为外国文学、外国语言学及应用语言学、翻译学、比较文学与跨文化研究、国别与区域研究五大学科方向的导向是一致的。此处的"文化"当为广义的"文化",此处的"国情"当为"国别和区域研究"。以上四项内容均为外语学科固有的内涵,也就是外语学科人文性的体现。换言之,国别和区域研究并不是一个新的领域,而是外语学科固有的人文性的发扬光大。20世纪80年代以来,外语学科一直陷于人文性和工具性的争论之中。外语学科的工具性是指能够满足各层次领域对外交往需求的属性,工具性决定了外语学科具备与其他学科很强的兼容性,但外语学科的工具性不等于将外语学科工具化。受西方ESP(English for Specific Purposes,专用英语)的影响,国内外语专业开始与相关应用型学科交叉,短期内培养了一批具有专业知识背景的外语人才,形成了应用导向的交叉专业。在探索外语学科转型过程中,ESP的发展思路正在被逐步地夸大化,将外语学科工具化推广到所有的相关学科,追求学科化形态,这样的发展思路势必导致外语学科的空心化和边缘化。空心化表现是外语作为专业模块的一部分,从属于核心专业技能。主要目的是服务专门用途的对外交际功能。蔡元培认为,"学"与"术"可分为两个名词,"学"为学理,"术"为应用;外语学科工具化发展到任何阶段,都只是停留在"术"的领域,距离学理要求的概念化、体系化相距甚远。首先,外语学科建设应当与市场化资本保持距离;提供专业细分领域内的翻译服务,应该是专业翻译公司的主要职能。在翻译服务行业发展尚不成熟,仍处于低价竞争的阶段,高校作为知识密集和人才密集的科研单位参与市场化竞争,与学科建设的初衷是相悖的。其次,人工智能技术迫使外语学科转向数字人文的新文科发展方向。人工智能技术的发展,对外语学科的冲击首先表现在机器翻译速度和质量的显著提升。而翻译行业目前还没有大规模地应用机器翻译,仍属于劳动密集型产业,人工智能技术带来的产业升级已经开始,外语工具化发展的路径,必须考虑产业升级对劳动者技能提升的要求,劳动密集型必须向技术密集型转型升级。对于外语学科来讲,必须将新技术应用到人文性研究方面,积极拓展数字人文领

域，增强人文研究的深度和广度。最后，外语学科的转型，要借鉴其他学科的"他山之石"，而不是成为其他学科的附庸。工具化的发展思路必将导致外语学科的附庸化。关于师资和人才的市场化、资本化，短期内在市场竞争不充分的条件下，可能会获得一定的利益。但从长期来看，对外语学科的可持续发展无异于釜底抽薪。外语的新文科建设，应采取守正创新，错位发展的思路。以国别和区域研究方向为例，围绕具体的国别和区域，构建以研究对象为整体的知识组合方式，立足于外语学科的人文性，同时发挥其工具性的优势，借鉴其他学科的研究方法和范式，使外语学科的内涵不断充实，外延不断拓展，构建形成具有中国话语、中国立场、中国视角的外部世界认知的整体体系。

五、加强区域和国别研究是阿拉伯语专业新的增长点

交叉型国别通、区域通是党和国家对高端人才的迫切需求，也是外语类高校落实立德树人根本任务的重要抓手。2018年5月，习总书记在北京大学师生座谈会上指出，古今中外每个国家都是按照自己的政治要求来培养人的。世界一流大学都是在服务自己国家的发展中成长起来的。我国社会主义教育要培养社会主义建设者和接班人，培养"一带一路"交叉应用型人才，切实践行"立德树人"根本任务。教育引导学生从灵魂深处回答好"为谁学、听谁话、跟谁走"的根本目标，牢固树立投身祖国建设中、实现人生理想、学以报国的价值追求。我们要从战略高度把握阿拉伯语专业国别和区域研究工作的时代背景和现实需求，总结起来就是三个"没有改变"。一是中国崛起的发展态势没有改变，二是实现中华民族伟大复兴中国梦的宏伟目标没有改变，三是国家对世界其他国家和地区认识和了解的现实需求没有改变。换言之，党和国家对外工作、对国别和区域研究的需求没有改变，反而要求越来越高，需要解答的现实问题也越来越多。基于这样的时代背景和现实需求，我们可以得出一个基本的判断：国别和区域研究正处于并将长期处于重要的发展机遇期。面对发展机遇期，我们应当更加清醒地认识到，国家需求是阿拉伯语专业国别和区域研究发展的根本保障，错位领先是阿拉伯语专业国别和区域研究实现跨越式发展的重要路径，交叉融合是阿拉伯语专业国别和区域研究可持续发展的不竭动力。目前，高校阿拉伯语专业的国别区域研究已经呈现出千帆竞发的发展势头。对于大多数高校来说，国别和区域研究工作仍然处于同一起跑线，能否抢占新一轮学科建设的制高点，切实履行服务中央、服务大局的根本职能，是国别和区域研究需要回答的时代命题。

我们认为，应从下面三个方面抓紧抓实阿拉伯语国别和区域研究工作：一是持续产出高水平的资政服务成果；二是扎实推进交叉融合的新文科建设；三是不

断提升教育对外开放的尝试和水平。百舸争流，奋楫者先；千帆竞发，勇进者胜。我们坚信，在各校阿拉伯语同仁的积极参与之下，阿语的国别和区域研究必将迎来大发展的新阶段。阿拉伯语学科建设也必将借此东风，行稳致远，蒸蒸日上。

序二
关于国别区域人才培养的几个问题

周烈

(北京第二外国语学院原校长、中国中东学会副会长)

一、怎么理解"新文科"

文科是"人文社会科学"或"哲学社会科学"的简称,是人文科学和社会科学的统称。其中,人文科学主要研究人的观念、精神、情感和价值,社会科学主要研究各种社会现象及其发展规律。除了理学、工学、农学和医学外,哲学、经济学、法学、教育学、文学、历史学、管理学、艺术学等学科门类基本上都可纳入"文科"范畴。

我国历史上本没有现代意义上的学科分类,文理工医等现代学科分类是移植、照搬自西方或苏联。这些搬来的文科也就是旧文科。

我国第一次对欧美人文社会科学体系的大规模移植是在五四运动前后;第二次大规模移植是在新中国成立后,从院系设置、教学组织、课程设置到教学大纲都照搬苏联的蓝本;第三次大规模地从西方移植社会科学,特别是经济学、政治学、法学、管理学等,是在改革开放之后。有一段时间,我国甚至提倡在高校的上述学科尽量使用西方的原版教材。这种移植,对中国传统学术而言,无疑是一场深刻的学术革命,填补了现代学术空白。没有这一引进就没有现代学术,其意义不容低估。但中国的学术亦因此而在按西方的话语模式进行,其弊端也随之而来。这些学科本身尽管都是在中国语境下由中国人自己在研究,但却带有浓厚的西方色彩。

这种移植过来的旧文科的特点是:内容上无中国特色;特别强调"分科治学";过于强化学科自身的存在和建设,而轻于问题的解决。

这里的关键问题是,通过这些具有浓厚西方色彩的学科,我们究竟是在为谁培养人?是想培养什么样的人?南开大学张伯苓先生曾经提出:我们要办"以中国历史、中国社会为学术背景,以解决中国问题为教育目标的大学"。尽管从20世纪30年代起,中国人文社会科学界就认识到了这一问题,并发起过"学术中国化"运动,但将近100年过去了,这一状况并未得到根本改变,前些年甚至有加剧的趋势。中国青年报在某大学做过随机采访,被问的18位学生中,有14位希望出国深造;被问是否会回国时,仅有3人表示会回来。

正是基于这样的情况,2016年5月17日,习近平总书记在哲学社会科学工作座谈会上发出了构建中国特色哲学社会科学的号召。这样,一个人文社会科学的"中国化"进程终于正式开启。

新文科是相对于传统文科而言的,是以全球新科技革命、新经济发展、中国特色社会主义进入新时代为背景,突破传统文科的思维模式,以继承与创新、交叉与融合、协同与共享为主要途径,促进多学科交叉与深度融合,推动传统文科的更新升级,从学科导向转向以需求为导向,从专业分割转向交叉融合,从适应服务转向支撑引领。

新文科的特点或者说与旧文科的差异,第一是中国特色学科体系和西方化学科体系之间的差异。它以中国特色哲学社会科学为核心内容,反映、呈现和包含中国经验、中国材料、中国数据的文科。第二是追求学科融合,强调学科交叉,乃至产生新的文科门类,倡导破除学科壁垒走向各学科"大融合"的文科。第三是更加突出问题,更加强调以问题研究为中心。重问题将是新文科的核心追求。

旧文科衡量学科最常用的标准是什么呢?首先看是否有博士点或硕士点;其次看梯队配置,如正副教授多少,年龄结构是否合理;然后看承担了多少国家级项目;还有就是看在权威期刊上发表多少论文。大家都在大张旗鼓地搞学科建设,但是学科存在的价值和意义是什么?学科存在的终极根据应该是为了解决问题。

二、为什么要培养国别区域研究人才

国别和区域研究是对外开放的需要,是"一带一路"建设的需要,是构建人类命运共同体的需要,是提升国家软实力的需要,也是维护国家安全、实现中华民族伟大复兴的需要。知己知彼才能百战不殆,只有了解对方,才能实现真正的合作交流,互利共赢;只有了解对方,才能在贸易战、舆论战、"冷战"、"热战"中处于主动,立于不败。新冠肺炎疫情的防控从某些方面例证了这一点。

从事这么崇高而伟大的事情,自然需要人才,并且需要大量高质量、高水平的人才。

尽管我国古代就有智囊制度,但现代高校对智库建设,对国别和区域研究的重视却是近些年的事。原先只有像北大、清华这样的名牌大学和一些历史较为悠久的高校才有以研究院、研究所为形式的智库,从事国别和区域研究。但近些年来，高校对智库建设、对国别和区域研究的重视程度不断增强。全国各地许多高校都设立了主要以研究中心为形式的新生智库，从事国别和区域研究。

客观地讲，目前我国高校的国别和区域研究，特别是一些新生智库，都面临如下问题：

- 总体水平不高
- 创新性不强（跟风、重复）
- 独立性不够（智库的独立性是在坚持党的领导和社会主义道路前提下的学术独立性。在这个前提下，智库要出新思想、新主义、新理论、新策略）
- 发展不均衡（一是地域分布不均衡，二是官方和民间智库分布不均衡，三是专业分布不均衡，研究的内容，只关注热点、热门，有些问题、有些国家没人关注）
- 沟通渠道不畅（不知道门、肠梗阻）、社会影响力不大（中国智库的声音很多时候只能在学术研究机构之间自弹自唱、自说自话，或相互传唱，智库——特别是一些新生智库——的思想成果对政府和民间社团决策的影响力极为有限，研究成果实践转化率不高，理论研究和实践应用相脱节）。

在我们国家，严格意义上的区域与国别研究刚刚起步，因此存在种种不足在所难免。要解决这些问题，要推进中国的国别和区域研究，人才培养是重中之重；有人才能做事，有什么人才能做什么事。国别和区域研究要有多元人才，包括运营人才、研究人才、后备人才。像弥补语言不足、扎根对象国生活、调动更多的学科参与研究等问题，都有赖于新的人才的培养；有了人才，才会有区域与国别研究的真正勃兴。

三、国别和区域研究需要什么样的人才

国别区域研究的任务目的是什么？是做什么样的事？知道做什么事，就明白需要什么样的人才了。

- 资政——为政府决策提供政策建议
- 资商——也为企业、商人提供咨询服务
- 启民——引导公众舆论和社会思潮。就是用新的思想来启迪百姓，用准确的政策信息，为公众提供有益的、有助于理解政府政策的环境，从而为政府的决策和执行创造更好的公众环境，就是要引领社会
- 发声——在国际、在国内发声。利用出席会议、发表文章、接受采访等各

种平台、各种媒体主动发出声音，在国际舆论空间提升我国的话语权

另外，做国别区域研究要有问题意识、前瞻性，更要勤勉务实。

问题意识是国别区域研究的原动力。国别区域研究的价值在哪里？从资政启民的基本功能来看，就是在于发现问题。

前瞻性是国别区域研究报告的精髓，需要以独立思想为基础，需要以问题导向为支撑。研究报告不仅仅是对现实问题的归纳总结，还要对其演绎推理，做进一步的深思和预测，更要提出解决问题的对策建议。

勤勉务实是国别区域研究者的必备素质。国别区域研究的应用性大于理论性，做国别和区域研究需要持之以恒的跟踪，需要艰苦踏实的实地考察、田野调查，需要时效性。所以，我们要有勤奋努力、吃苦耐劳、脚踏实地、主动实干的精神。

国别区域研究需要通才，也需要专家，需要培养大量既懂外语，又懂专业，在对象国有留学经历的，跨学科、综合性和宽视野的复合型研究人才。具体可集中在以下四个方面：

- 专：掌握一门专业。
- 精：精通某一领域。
- 博：广博的知识（跨学科、复合型）。
- 实：实践、实地、务实。

四、如何培养国别和区域研究人才

从学术角度看，国别与区域研究是一个多学科、跨学科的综合领域。它需要综合社会科学、人文科学、自然科学的许多知识。历史学、人类学、语言学、社会学、政治学、经济学、法学、地理学、环境科学等等，均构成这一领域的学科基础。

我们从外语教学的层面，没有很好的条件，也不可能教给学生这么多的知识，培养出具有这么深厚学科基础的人才。但这并不意味着我们无所作为，难以培养国别和区域研究人才。我们应该基于新文科建设的宏观视角，对培养国别区域研究人才加以筹划；积极探索跨界融合人才培养的有效途径，实现语言学、国际关系学及历史学等多学科的交汇融通，以培养出具有宽口径、广视野、站位高的复合型国别和区域研究人才。

1. 要探索"新文科"背景下国别和区域研究人才培养的模式和路径

"新文科"建设和国别区域研究都是我们面临的新问题，应该予以高度重

视,应该进行认真思考,通过学习、实践、借鉴等方式,探索国别和区域研究人才培养的模式和路径。

目前,我们面临着以下问题:

一是人才培养的单一性,复合型人才培养不足。

二是师资结构的固化,学缘结构的固化,知识结构的固化。

三是学科制度的挑战。国别和区域人才要么依托于外国语言文学一级学科进行培养,要么依托政治学一级学科进行培养,但两者都有局限性。这些问题如何面对?怎么解决?应该基于新文科建设予以思考和探索。

2. 要构建跨学科的人才培养体系

首先,要建立跨学科的人才培养组织架构。打破基于某个具体学科建立人才培养体系的惯例,按照国别和区域研究的需要,建立本科、硕士、博士三级人才培养体系,与国内外其他机构、院校,特别是本校内的其他学院或系,共享课程与师资,联合培养国别区域研究人才。

其次,形成多学科的人才培养方案。国别和区域研究人才培养方案的多学科主要体现在课程的安排以及方向的设置上。

最后,要构建多元化的师资队伍。多元化的师资队伍是国别和区域研究人才培养机构的基石,亦是多学科人才培养方案的保障。应做到以下四点:

第一,积极吸纳多元化的师资加盟。在吸收教师的过程中应考虑学科背景,竭力组建一支涵盖历史学、社会学、语言学、人类学等多学科的教师队伍。

第二,整合校内资源,建立双聘制度。要重点关注校内外国文学、语言学、国际关系学、历史学、经济学、宗教学、社会学等专业的教师,聘请其担任国别和区域研究项目的研究生导师和授课教师。

第三,加强现有师资队伍建设。要加强现有教师队伍的建设,特别要高度关注现有年轻教师的学习、转型与提升。

第四,建立访问教授制度。要积极吸纳国外优秀的区域和国别研究学者前来进行研究和讲学。

3. 要立足于外语不动摇

要坚持传承和创新并进的原则。对于我们外语院校来说,外语是我们的看家本领,是我们的生存之道,也是我们的特色所在。做国别和区域研究,外语能力是重要的条件。所以,外语优势必须传承,外语水平的标准不能降低,这是规定动作,必须高质量完成。客观地讲,我们不可能把所有学生都培养成国别和区域研究人才,我们也不可能把学生按专业分成小班上课。我们只能在培养综合外语人才时有所侧重,让学生将来可以在兼顾、结合、专事中做出选择。

所谓"兼顾",就是在从事自己喜欢的语言、文学、翻译等工作之余,能抽出一定的时间和精力来从事国别和区域研究，做出一定的成果。

所谓"结合"，就是将原来的工作和研究与国别和区域研究结合起来，如研究某国别文化、经贸、国情等。

所谓"专事"，就是专门从事国别和区域研究。

4. 要强调多元化的学科知识与实践经历

这是创新部分，是自选动作，可以灵活掌握。学科知识是国别和区域研究人才培养的载体，其内容的选择与价值取向决定了国别和区域研究人才的专业能力与发展方向。

首先，学习多方面的学科知识。国别和区域研究的学生除了掌握外语，还需对研究国家和地区各个方面的知识有所了解。要综合了解对象国和区域文化、社会、政治、经济多方面的情况。

此外，学生还需要系统学习所研究方向的学科知识，形成专业学科知识体系，对研究方向所属学科的研究问题、理论框架以及研究基础有全面的理解。

其次，掌握多样的研究方法。培养国别和区域研究人才还需要开设系统的研究方法课程，让学生掌握多方面的研究方法，规范合理地开展调查研究。应做到以下四点：

第一，要重视学生研究方法的系统学习，使其能够科学、规范地开展研究，保证其研究成果具备基本的研究范式和学术品格。

第二，要重视学生对研究方法的实践运用，让学生掌握多种研究方法，从方法论高度对定量研究与定性研究有较好的认识，从操作层面对问卷调查、数据处理与分析、田野调查、历史档案分析、访谈与观察等具体方法有所掌握，乃至灵活运用。

第三，让学生懂得根据研究问题选择研究方法，明白应选用适合研究问题的研究方法开展国别和区域研究。

此外，也要让学生体会国别和区域研究相比其他人文社科研究的特殊性，需要基于研究方法对所研究国家和地区的历史、文化、宗教等进行综合考察。

最后，具备实践经历与他者思维。在培养国别和区域研究人才过程中，需要鼓励学生参与跨文化的实践，让其前往对象国进行学习和交流，体验当地文化，感受当地价值观，逐渐形成他者思维。因此，前往对象国和地区进行一年及以上的实地调查与体验成为国别与区域研究人才培养必不可少的一个环节，以促使学生最大限度地获取背景性知识，突破自身原有的经验与价值观，深入理解他者文化。

以上是笔者就国别和区域研究人才培养几个问题的思考，很不成熟，很不深入，仅供参考。

目 录

第一部分 学科、专业与人才培养

外语学科始终要强调基本功 ·· 张洪仪 2
专业阿拉伯语人才培养及课程设置的再思考 ····················· 付志明 6
新时代外语学科创新发展的内涵与路径 ····························· 刘欣路 14
"后疫情时代"阿拉伯语专业人才培养思考与展望 ··········· 肖 凌 20
新时代阿拉伯语卓越人才培养体系建设刍议 ····················· 马福德 28

第二部分 专业课程与课程思政建设

阿拉伯语基础语法课程思政路径探索 ································· 蒋传瑛 34
《习近平谈治国理政》多语版引入阿拉伯语专业大三精读课教学的实践探索
·· 叶良英 41
阿拉伯语专业课程思政建设的几点思考 ····························· 陆映波 47
阿拉伯语专业课程思政新路径 ··· 吴 昊 51
阿拉伯语专业口译课程思政路径探索 ································· 劳凌玲 55
学科素养视角下阿拉伯语专业思政"课程群"建设的思考 ········· 刘 彬 60
国家重要文献与笔译教学的课程思政融合 ························· 黄 超 64
阿拉伯语专业课程思政的路径探索 ····································· 韩家盛 69

第三部分　国别和区域研究人才培养

新文科背景下北京大学阿拉伯语课程改革与中东研究复合型高端人才培养
……………………………………………………………… 林丰民　74
外语专业国别和区域研究人才培养中的教材问题 ……………… 陈　杰　82
新形势下的外语类高校国别和区域研究人才培养 ………… 侯宇翔　李仁龙　87
从北京第二外国语学院阿拉伯历史课程建设窥探国别区域人才培养
……………………………………………………………… 李桂群　100
师范类高校"阿拉伯语+汉语国际教育"人才培养模式合理性探索
……………………………………………………………… 宋佳柏　103

第四部分　疫情防控背景下的阿拉伯语在线教学

云端教育新路程 ………………………………………………… 周　玲　112
基于QM评审标准的阿拉伯语在线教学实践与反思 …………… 廖　静　119
低年级学生阿拉伯语精读网络教学实践探究 …………………… 林　哲　123
阿拉伯语在线教学与线下教学的差异：机遇、问题与对策 …… 刘利华　129
线上阿拉伯语教学的成绩、问题与对策 ………………………… 黄　楹　133
基于BOPPPS教学模式的阿拉伯语阅读课混合式课堂 ………… 蔡恒丽　139
疫情期间将课程思政融入阿拉伯语专业本科低年级线上教学的思考
……………………………………………………………… 张洁颖　144

第五部分　综述

新文科助力新建设　新外语推动新发展：高端阿拉伯语人才培养研究
……………………………………………………………… 张丹丹　150

第一部分　学科、专业与人才培养

外语学科始终要强调基本功

张洪仪

摘要：任何学科都要随着时代的发展变化而变化，但是千变万化总有一个东西不会变，这就是学科的核心内涵。外语学科的核心内涵就是外语的听说读写译基本功。而阿拉伯语对于国内学生来说是有相当大的难度的，其基本功就更加不能放松。无论是在新文科建设中，还是在考虑与何种技能或者知识相融合的时候，都不要忽略了这一点，忽略这一点就有可能导致满盘皆输的结果。

关键词：新文科建设，外语基本功

作者简介：张洪仪，阿拉伯语言文学博士、北京第二外国语学院特聘教授。

一、正确理解"新文科"概念

随着历史的发展，新科学、新技术日益渗透到我们的日常生活之中，我们既有的文科知识体系受到了严重的挑战。2017年，"新文科"这一概念的提出，意在把新技术融入哲学、文学、语言等人文学科课程，使学生获得跨学科的综合性知识。2018年，这一概念被我国所采纳，教育部决定实施"六卓越一拔尖"计划，这一计划是在原来理科的基础上，增加心理学、哲学、语言学等人文学科内容，使学生具有广泛的能力，应对社会的需求。

实际上，我国曾在不同时期提出过不同的教学改革方案，跨学科的概念也不是新的。在我的印象里，1999年的第三次全国教育工作会议除了提出了教育产业化之外，还提出了跨学科的理念，从那时开始，边缘学科、交叉学科、跨学科的理念逐渐泛化。我们对此进行了深入的研讨，此后在外语学科出现了法律外语、经贸外语、旅游外语等外语教学方向，有的院校还将高等数学、经济、管理等课程直接引入外语教学方案。1998年《中华人民共和国高等教育法》颁布，2001年开始全国范围的教育部本科教学评估和后来的专业评估重新对本科教学方案进行了规范，原有的各类与语言无关的课程全部被删除，增加了语言学、对象国文学等课程，并将其列为主课。相应地，对法学、管理学和经济学都重新进行了界定，不符合规定的均列为不合格。

我以为，任何一次教育教学改革，都要深入理解这个改革的真正意图，不要曲解。千改万改，一个学科的真正内涵是不会变化的，这个内涵需要什么样的体系来支撑，其他内容的融入、拓展、深化应该对于支撑这个内涵起到什么积极作用，我觉得有必要加以提示，不要乱了阵脚。

二、外语学科基本功的地位

多年来，我国各个大专院校外语学科对于外语基本功的认识越来越深入，也越来越一致。可以肯定地说，听说读写能力不仅仅是语言能力，也是综合素质，决定了所学的语言能不能用，学生能不能成专业人才。所以，基本功始终是这个学科的重中之重。

20世纪末，我国阿拉伯语教育界倾全力打造的《高等学校阿拉伯语专业基础阶段阿拉伯语教学大纲》对阿拉伯语语言知识（语音、词汇、语法）和语言技能（听、说、读、写、译）从一级到八级都做出了明确的规定，同时，还根据交际语言学原则确定了语言功能表（功能意念表），根据多校教学经验制定了各年级测试表。这些表对教学提出了明确的要求，确定了知识和技能在量和性两方面的标准。教师用大纲指导教学，学生用大纲指导学习，我国的阿拉伯语教学终于有章可循，有法可依。通过多年的专业四级考试，我们也看到，传统开设外语专业的高等院校因为认识到大纲的重要性，考试成绩迅速提升。

当然，随着时代的发展和新知识、新技能的涌现，传统的大纲需要修订，需要随着时代的发展而发展，需要随着教学的变化而变化，这是必需的。但是，无论怎样改，外语教学基本功的重要性决不能忽视。

我经常对本校教师和学生讲，外语是一个对中国人来讲完全陌生的、外在的东西，而且绝不可能见过了，认识了，就会了，只有通过痛苦的磨炼才能化为内在的、熟悉的东西。一、二年级最重要，没有1，就没有2，没有开始，就不可能提升，而要搞好一、二年级的教学，主要靠任课教师的责任心和教学水平。学生不投入相当的精力，老师责任心不强，教学不可能搞好。

目前，我国阿拉伯语教师队伍来源丰富。从2019年的教师基本竞赛情况中我了解到，除了我国各大学培养的毕业生之外，现在有大批国外归来的留学人员加入阿拉伯语教师队伍，特别是在西部地区。他们表现出很多独特的方面，学历高，语音语调好，交际能力强，有的博士、硕士有相当的专业水准。但是，因为有的人并没有经历过国内基础教学培训，所以对教学对象不够了解，上课语速快，专业性强，本科学生听课有困难。有的老师还存在刻意表演的情况，从而忽视了教学的对象和目标,针对性较差。

三、关于学科重组

1. 如何交叉,与什么交叉:信息化、智能化

这个问题很深,需要深入研究。所谓信息化、智能化,包含教和学两个方面,首先是教学方面要充分利用现代化教学手段(慕课、线上教学、线上操练、线上测试评估),要设计好的教学软件,在学生学习时间方便之时,可以利用音频、视频、微信、微博、抖音这些平台和资源,开展各种教学活动和课外活动。这种交叉事实上已经广泛运用到现在的教学环节了,只不过还应该研究这些教学内容和联系方法所占的比例,绝不能取代外语学科长期以来形成的人性化教学传统。人性化教学的效果是显而易见的,教师不仅仅教专业知识,也是学生发展的指路人。教师要帮助学生树立专业思想,解决学习难题,克服生活与学习的困难,甚至帮助他们就业、升学,这些是技术手段无法取代的。

2. 如何融合

关于跨学科教学,我们做过很多尝试,收获了不少经验与教训。事实证明,和什么学科融合、怎样融合、融合到什么程度必须有一个度,在这个问题上不可强求一致。比较高水平的大学,可能会融合得多一些、深一些,而一般大学可能要特别慎重。对学生而言,学有余力的学生,即使你不给他安排其他课程,他也会选择多个选修课,自我提升,而对于学业成绩稍差的学生,最好给一点儿空间,先把本专业基本功打好,然后再去钻研其他,否则容易捡了芝麻,丢了西瓜。

3. 如何拓展、深化,向什么方向拓展和深化

向多种应用拓展是一个办法。我们可以多考虑一下学生毕业后会面临什么问题,可以广泛搜集整理。除了口头和文本翻译之外,可以学一些文案策划、编辑、互联网运用、新闻传播、节目策划、企业宣传、数据统计分析、教学法等专业技能,补充学生现有知识的不足。但这一要根据学生的兴趣,二要考虑学生实际接受能力,每个学生选择一两种即可。

结　语

无论如何,外语学科具有一定的特殊性,是学科专业,也是日常工具。首先,它是学科专业,需要长年累月地研究、积累、磨炼,需要"专",否则,我们的学科会变成万金油,整体质量难以提升。目前我们虽增设了这么多专业点,

但是仍然严重缺乏高质量的研究人员和翻译人员就是例证。但同时它又是工具，几乎可以和其他所有学科融合。因此，我们首先要强调的是能力培养，就是练好听说读写译基本功。只有基本功好了，学科专业、教师、学生就有了拓展和深化的选择权。

专业阿拉伯语人才培养及课程设置的再思考

付志明

摘要：在国家全面推进新工科、新医科、新农科和新文科建设思想下，阿拉伯语人才如何培养，阿拉伯语学科如何发展。学科交叉已经势在必行，人才培养多元化和专业化并存的矛盾凸显，培养更多的复合型、专业型、实用型国际化人才，是国家发展的需要。阿拉伯语在中国的国际交往和文化交融方面，发挥过引领与桥梁作用；在新的形势下，加强人才培养，要从理念、方法、手段等多方面更新与建设。正确认识外语的基本特性及外语学科与众多学科之间的关系，十分必要。阿拉伯语教学在继承传统的同时，也要发展创新，加强课程建设，调整授课时长，提高授课效果，改进课程内容，加大人文因素，分层分级培养人才，以适应不断发展的新时代要求。

关键词：跨专业，交叉学科，改革创新，专业培养

作者简介：付志明，北京大学外国语学院副院长，阿拉伯语系教授，北京大学卡布斯苏丹阿拉伯研究讲席教授，教育部高等学校外国语言文学类专业教学指导委员会阿拉伯语专业教学指导分委员会副主任委员，全国高校阿拉伯语专业负责人联席会召集人。

一、学科交叉与交叉学科

1. 学科交叉势在必行

新文科建设就是 2018 年教育部提出的人文学科发展的新方向。教育部决定实施"六卓越一拔尖"计划 2.0，全面推进新工科、新医科、新文科建设。"新文科"概念最早由美国希拉姆学院在 2017 年提出，要求将新技术融入哲学、文学和语言等课程之中，实现跨学科的融合和交流。

大数据也提供了人文社科研究的新手段，使很多以前难以研究的问题在技术上成为可能。

教育部办公厅已经启动部分领域教学资源建设工作，探索基于"四新"（新工科、新农科、新医科、新文科）理念的教学资源建设新路径。

不同于其他学科，文科的交叉更具挑战性。简单肤浅地理解，由于疾病诊疗与公共卫生问题，为了应对新型疾病与危机，需要新医科；由于科技发展，新材料、新技术层出不穷，需要新工科；由于粮食安全问题，解决民生需要，提高产量，需要新农科。新文科是一个大的课题，我们是否可以简单地理解，新文科就是数据与文科的融合？新文科要从根本上解决人的意识形态问题，解决学科归属问题，解决文科解决什么问题的问题。因为广义的大数据专业不仅仅属于理工科，它原本就是文科的一部分。我们的阿拉伯语教学应该与相关学科有机地结合，如与文史哲、政经法、数理化结合，真正做到人才培养而不是两层皮的包装，真正做到相互融合、相互结合，形成新的发展方向和专业的规划。

2. 学科交叉与专业丢失

学科交叉必须是建立在学科专业特点鲜明突出、学科本身的研究加强的基础之上的，切不可交叉后变成没有学科的大拼盘，或使学科无归属。

首先应该承认，学科的概念目前仍然存在，或者说在相当长的时间内还会存在；现有的学科概念在很大的程度上还会影响人们的概念与认识。如何理解学科与学科之间的关系问题，是一个值得思考的问题。我们大学教育，首先是为了培养有专业技能与素养的知识型人才，大学的基本功能是人才培养、科学研究、社会服务、文化传承创新，这是我国新时期高等教育的四大功能。培养出有学术素养和专业技能，能服务社会的专门人才，是大学的重要工作，因此，在强调知识交叉的同时，还是要加强专业人才培养的理念。

二、加强专业认同，强化专业培养

1. 加强专业认同

外国语言文学一级学科属于人文学科，涵盖外国语言学和外国文学研究，是中外文明与文化交流的产物。目前外国语言文学学科的研究方向和研究领域，应该是以外国语言和外国文学为主体，同时向翻译学、国别与区域研究、跨文化研究等领域拓展。专家学者达成一致意见的是文学研究在阅读文本的同时，还可以借鉴文学批评与其他学科的理论与方法。语言学研究已体现出学科前沿性、交叉性的发展态势，理论语言学研究还会影响哲学、社会学等相关学科研究与发展，并对人类文明起到推动作用。应用语言的研究主要集中在运用语言理论，对相关国家的语言进行调研、收集、归纳，分析语言特点形成的规律，并进一步拓展到文化交往、历史交流、社会进步等相关方面，服务人类文明的互鉴与交流。外国语言、外国文学是与中国文学、中国语言研究并行的研究方向，由此拓展开来的是通过外国语言与文学，研究相应国家的文化、历史与文明，应用所学的语言完成翻译任务并提供相应的服务，这就是国别与区域研究。北京大学外国语学院长期以来一直致力于"人文为本，多元并存，交叉发展"，强调夯实外语基础，精通专业语言，通过本土教学、国际交流、调整课程设置与教研模式来促进人才培养，使学生成为以外语为基础，学有专长、博古通今的"通才"型人才；挖掘自身特色的同时与国际全面接轨。外语专业学生应具备较丰富的跨文化知识和较强的广泛交际能力，能够胜任多个研究领域，包括达到世界问题研究等领域的要求，成为具有社会责任感和国际视野的优秀人才。还要学东西之文，融中外之学。要充分利用北京大学多学科的资源优势，将外语专业的本科生置于这个大环境下培养，造就新一代有着良好人文素养、富于创造精神和具有多学科知识基础的外语专业人才。在教学与研究环节，致力于冲破专业藩篱，打通学科通道，实现交叉培养。打通本学科内部教学课程壁垒，在夯实语言文学传统优势研究基础上，拓展到历史、政治、经济、哲学、宗教、教育等诸多领域，积极推动与中文、历史、考古、哲学以及国际关系等相关兄弟院系之间的学科合作与共建，实现"通识"培养模式。

外国语言文学学科是人文学科的重要组成部分，与人文学科的其他院系互依互补。它不仅有助于中国了解世界，也是中国学术与文化积累的重要部分。外国语言文学学科研究、翻译、介绍外国文化和学术成果，以拓展中国文化和学术的国际视野，促进人类社会的文化和学术发展。与研究目标相适应，教学也应该有较高的研究含量，使学生在第一时间接触到国内外最新的一流的研究成果。所以，我们的外语学科应该致力于为中国社会和国际社会培养能够适应全球化工作环境的合格公民和专家，以杰出的外文和中文能力和对外国文化和中国文化的深入了解，而服务于人类社会。

与其他人文学科一样，外国语言文学学科应当特别强调研究工具的作用，而最重要的研究工具就是外国语言。为深化与扩展研究领域，也是为了适应研究的日益国际化，外国语言文学学科应该不断强化语言要求，而精通专攻语言是基本要求。而所谓"精通"，就不仅仅是表面上的流利，而且需要能用专攻语言来思考、研究、解决重要的问题，能够置身于其文化和学术语境而没有陌生感。精通一门语言，就是能以这种语言，与用这种语言进行思考的最缜密、最复杂的头脑进行交流。同时，能以数门语言进行研究和交流，是外国语言文学学科合格毕业生的重要要求。

外国语言一级学科的重要性是显而易见的，我们对于自己的专业应该有一个充分的认识。它绝不仅仅是外语教学，而且是外语研究，实际上，现在大学中的许多学科均应属于外语学科或外国语言文学一级学科的范围。

因此，强化外语研究的认同，就是我们寻求生存空间的一个重要手段。综合性大学的外语学科不同于外语专业类学校，其生存的空间更重要。因此，强调外语学科研究专业性十分必要。

2. 应当区分外语研究与外语培训

现在许多人都认为外国语言文学学科就是教外语。其实，除教学以外，对于外语学科的研究也是我们的重要工作。我们同时肩负两项重要工作，外语研究与外语教学。在教授外语的同时，我们也应该加强学生的专业认同感，强调专业研究的重要性，强调专业与我们生存的关系，强调专业对于学生的一生影响的重要性。在知识拓展中，我们要强调阿拉伯语专业与其他专业的融合，如阿拉伯语专业与历史、阿拉伯语专业与中东其他语言、阿拉伯语专业与计算机等的融合，阿拉伯语在与其他学科的融合过程中一样重要，不能成为其他专业的附属品。

三、外语教学的服务性

外语教学是我们的另一项重要工作，服务现在已成为我们外语教学最重要的标志。

外语教学与任何其他学科一样，有专业性也有服务性。数学、物理、化学、计算机等，相信在巨变的环境下，这些专业的老师也是有危机感的。许多老师，特别是计算机专业老师，当大数据为所有专业所必需时，计算机专业就如同现在的外语学科一样，谁都认为它重要，但是它却越来越成为每一个人随时使用的工具；计算机科学由一个陌生的学科真正成为专业性与工具性并存的专业，这个以前让人望而生畏的专业，现在寻常百姓家的子女也能登堂入室。

但现实是，几乎所有的综合性大学都有外语学院，外语学科的重要性显而易见，但其发展空间需要学院自己争取。提供语言服务，强调语言为社会服务，扩大语言研究与教学在综合性大学的话语权十分重要。

四、外语学习与外语思维

外语不能仅仅是一种教学手段，外语学习还应该培养出一种思维方式。区域与国别研究是一门新兴的交叉学科，但更应该是一种新兴的研究方法。如果一味地照搬国际关系的理论，很难成为新兴学科。外语学科研究人员与国际关系学方向的人员，最大的区别是问题意识领先还是理论领先。我们应该是在问题意识引导下进行研究，没有调查我们就不敢发言。但国际关系研究是理论导向，希望用一种理论去对某一社会事件进行分析。因此,如何建立起外语研究为基础的区域与国别研究学科,需要我们从以下两个方面入手:一是建设外语人才培养为前提的区域国别研究人才培养体系,一是加强外语研究的强度与专业度,使其更能适应专业与服务结合。

随着"一带一路"倡议的推进,外语学科重要性凸显。如何抓住时代的需要,非常重要。这里简单介绍北京大学外语学科,其实也反映了阿拉伯语专业这几年的发展足迹。

第一,保持忧患意识,推动学科发展。要有忧患意识,切不可存在满足感,否则很快就会被抛弃。

第二,加强服务意识,改革服务方式,提高服务质量。即要有存在感,要让全校认识外语学科的重要性,要让全校师生体会到外语学科的存在感,因此,我们为全校所有院系的同学开设了"一带一路"公共外语与文化课程,改变中国老师授课强调语法概念的方式,全程由外教授课,体现了文化教学的重要性。我们还开放所有的外语专业课程,欢迎任何想学习外语课程的同学选修。

第三,改革辅修课程。取消单独开设的辅修课程,改由专业核心课程作为辅修学位的必修课程,完成专业核心课程的同学,即可获得辅修证书,主、辅同证。

第四,改革全校的公共外语课程。学生可以自由选择是提高兴趣的6个学分公共课还是获得24个学分的学分公共专业基础课,划分出公共课层次,这样可以有效分散专业课选课人数的压力。

第五,探索多个跨学科的本科人才培养模式。借鉴较为成熟的"外国语言和外国历史"专业的培养经验,依托人文学部,在现有基础上探索多个跨学科的本科人才培养模式。目前已经设立外国语言与外国历史、外国考古方向,未来还可以设置外国语言与外国社会、外国语言与外国经济、外国语言与外国文明、外国语言与国际法律等一系列相关课程,为培养区域与国别研究人才积蓄力量。

第六,订立卓越外语人才培养计划。招收相关专业的优秀的外语爱好者(学生)专业学习。采用新的教学方式与教学理念。

第七,加强公共外语教学的改革步伐。把普通外语培养改变为模块化专业外语教学方式,提高学生的外语水平,改进外语教学的理念。

第八,增加专业学生的紧迫感。在卓越人才培养的过程中,一些优秀学生(非本专业)的外语能力不逊色于外语专业的学生,这引起了专业学生的恐慌,认为自己仅有的优势也丧失了。专业学生就会有一种紧迫感,因为其他院系的优秀学生也可能从你的语言饭碗中分一杯羹,你需要加油进步了。

提高外语专业性,加强外语教学的专业化,扩大外语在学校的知名度,拓展学生的知识面，鼓励学生学科交叉，改进专业外语教学质量，是我们专业发展的未来，也提高了专业外语在学校的认可度。

五、阿拉伯语专业建设的几点想法

1. 课程建设

在卓越人才培养的计划中，我们减少了语言简单重复练习的环节，增强了学生学习阿拉伯语的成就感，加大了语言专业的训练。我们的基本课程名称与教学计划采取了"走近，走进，走遍，走出"的概念，例如，"走近中东之语言""走进中东之文学""走遍中东之历史""走出中东之文化"。特别是"走出"概念的提出，使我们可以站在一个更高的层次，带领学生用世界的眼光看我们这片土地。我们采取了阅读原著的方式，减少语法的讲解，我希望学生学外语，怀抱3本书：一本字典（纸质版）；一本语法书，语法条目最好自己总结；一本原文书，吃透文中所含深层意义与内容。这种外文原文式的外语教学，其实不是我们的发明，任何国家的专业外语教学及外语学习，都是采取这种原汁原味的外语教学法，我们是希望将外语教学纳入正常的外语教学轨道。

2. 课时调整

从课时方面，我个人觉得，基础阶段的课程是否可以采取模块式的教学法。我们现在的基础阶段教学，时间太长，一般为 12～14 节课，这么大的课时量，在任何其他学科都没有。在外语院校，这种情况不太明显，但在综合性大学，一门课 14 个学时，确实是太多了，不知是否可以将基础课的课时降低一些，实行多个模块式的教学方式。除去语音外，将讲解与练习课分开，将基础阅读与精读分开。我们对于外语教学，是否也可以分级学习，学生根据自己的需要与喜好选择时长与时段。

3. 课程内容改革

课程内容上，是否尽量采用原文的阅读，减少课文编写的痕迹。现在市面流行的教材主要有三种：北京外国语大学的新编阿拉伯语教材，北京大学阿拉伯语基础教程，上海外国语大学的基础阿拉伯语教材。当然还有其他学校编写的教材，教材编写的痕迹普遍明显，而且编写教材的理念也是 20 世纪的。是否可以有新的教材编写理念，这个值得深思与研究。我们常说，应该编写新的教材，但如果只是对教材内容的更新，没有系统与理念的改进，也是旧瓶装新药，换汤不换药。

既然外国语言文学一级学科是与国字号相对应的外字号的研究理念，我们的教学内容、教学方式也应该与国字号相对应。因此对于教学内容的更新，应该提到教学改革的日程上来，应该与交叉概念并行，切不可强调了交叉，忽视了专业，强调了横向，没有了纵向。

任何学科都有其自身特性与独立性，但是任何学科又都是与其他学科相互关联的。加强学科之间的融合，加强专业之间的交流，取长补短，对于我们外语学科的发展，特别是加强外语学科的专业性，是有非常重要的意义的。

4. 关于外语学习本科人才培养的层级问题

外语学习本科阶段的人才培养，应该是有层次的。我们培养的专业人才，应该有三个层次。一是专业人才。这种人才是对阿拉伯语热衷，决心终身从事阿拉伯语研究，以阿拉伯语研究为己任。我们的培养应该给他们足够的空间与时间，让他们在阿拉伯语言文化的海洋中遨游。这是少部分人，我们应该给他们提供专业外语教学及相关人文培养。我们不可能让每年2000多个本科生将来都成为阿拉伯语专门人才。二是以阿拉伯语为工具的人才。这是大部分人，包括我们自己现在培养的阿拉伯语专业人才，也包括相关专业希望将来用阿拉伯语为工具的复合型人才。我们应该给他们提供相应的空间，提供专业的外语培训。现在12至14学时的外语基础课时，确实是一道屏障。三是普及性、兴趣型的外语学习。这就是公共课的外语学习。

我们应该做以下两个方面的事情，一是重新规划专业外语教学计划，加大课时与专业培养。仅有的几本精读课本不可能成为他们学习的动力，也不可能成为他们与其他人文学科学生竞争的基础。要加大这些同学的阿拉伯语学习的压力、动力及创造力。学生课桌上放的原文书越多，学生学习的兴趣就会越高。

为本科生提供相应的学术土壤，不要让他们每天局限在简单的语言重复学习上。目前，他们所有的压力不是来自对学科的钻研，而是来自教师。我们学生的创造力许多都淹没在了技能的重复上了，尽管这个确实很重要。另外，我们的评价体系与指标，也应该随着专业水平的发展，随着专业大门的敞开而变得更加人性化。我们要使学生的学习压力来自自身，使他们的学习能力通过自己的努力可以得以实现。

我们要设立对标专业，我们的对标专业应该是中文系本科生、哲学系本科生、历史系本科生。外国语言文学学科是人文学科的组成部分，而不是外语技能培训部。外语教学与外语培训应该有区别，培训、考试、做题、证书，应该是培训机构的工作。我们应该培养的是有人文情怀的专业外语人才，一年级的学生也能看原文，而且应该更早地让低年级的同学进原文阅读阶段。尽早让同学参与科研活动，应给他们鼓励与帮助。老一代学者中杨孝柏先生就是一个典范，他不仅自己投身学术研究，而且对年轻学生更是鼓励与帮助。

在这个强调学科交叉与融合的时代，在这个强调培养创新人才的阶段，在这个大变革时代，继续强调加强专业的重要性很有必要。但与此同时，我们还要对学科的规律有一个更加深刻的认识，应该对专业的内涵有一个重新的认定，对学科建设有一个重新的规划。阿拉伯语专业自建立以来已有70多年，罗林教授提到过阿拉伯语教学是中国最早的外语教学语种，我们在这个新的历史时期，阿拉伯语应该在中国非通用语外语教学法、外语人才培养、知识结构的构建、教学体系的改革方面起到更大作用。我们有义务也有责任在中国的外语学科未来发展的方向当中起到引领的作用。我们不能让外语成为故步自封、因循守旧、壁垒森严的学科。我们要让外语学科成为心胸开阔、包容一切，成为让我们睁眼看世界，让我们和世界先进的学科相联系的一个很重要的环节；我们要让我们培养的学生有家国情怀与责任感，更有心怀祖国、放眼世界、展望未来的胸怀。我们阿拉伯语专业如何培养人，培养什么人的理念与解决问题的方法，在理顺思路、抓住重心、坚定实施方面做了积极的探索。

新时代外语学科创新发展的内涵与路径

刘欣路

摘　要：进入新时代，外语学科应在人才培养、国别研究、国际传播、"二轨外交"等方面提升服务国家战略需求的能力和水平。为此，阿拉伯语学科的学科定位、发展理念、学科内涵、发展路径都需要及时调整与转变。应在厘清"外语教学"与"外语教育"的辩证关系的基础上，通过学科体系、人才培养体系、师资队伍建设的复合与协同，实现外语学科的质量提升与创新发展。

关键词：国家战略，外语教育，改革创新

作者简介：刘欣路，博士，北京外国语大学阿拉伯学院院长，教授，博士生导师，海湾阿拉伯国家研究中心主任。

多年来，我国外语学科在不断适应国家经济社会进步的过程中得到了长足发展，也为国家发展、中外交流做出了突出贡献。进入新时代的外语学科既拥有国家战略需求增长带来的重大发展机遇，也面临大数据、云计算、人工智能等新一代信息技术带来的巨大挑战。"新时代"不仅是高校外语学科的建设背景，更是外语学科发展的战略指南。外语学科应当深刻领会新时代的新特征，推动外语学科内涵式发展，实现质的提升。

一、服务国家战略：新时代外语教育的使命担当

大国的成长是一个历史过程，从成长周期看，可以大致分为成长准备期、迅速崛起期、稳定成长期。如果说"物质性成长"是成长准备期和迅速崛起期的主要目标和压倒性任务，那么，在从迅速崛起期向稳定成长期过渡的过程中，"社会性成长"的地位和作用则更加凸显。[①] 当前，中国特色社会主义建设进入"新时代"，但与此同时，世界处于百年未有之大变局，两者相互交织、相互激

---

① 刘欣路：《中阿关系发展中的中国软实力研究》，光明日报出版社2013年版，第76页。

荡，这对快速向稳定成长期过渡的中国而言无疑意味着较大的风险和挑战。要顺利实现"中华民族伟大复兴的中国梦"，真正进入世界的中心，仅仅依靠物质基础是不够的，还必须与国际社会形成良性互动，获得各国对中国发展道路、发展趋势的了解、理解、信任与支持，进而构建以共同发展为宗旨的人类命运共同体。

要破解"社会性成长"，外语学科理应有为、大有可为。但需要注意的是，相比以往，新时代外语学科所承担的使命和任务已经发生"问题转移"，因此，外语学科自身也必须随之进行"范式转移"。在推进"一带一路"和"人类命运共同体"建设、参与全球治理的过程中，外语学科需要着力提升下列四种能力，以更好地服务国家战略需求。

第一，符合国家战略需求的人才培养能力。新时代条件下，外语学科要深刻理解"培养什么样的人"这一个重要问题。国家需要的外语人才已不是一般意义上的翻译人才，而是"熟悉党和国家方针政策、了解我国国情、具有全球视野、熟练运用外语、通晓国际规则、精通国际谈判的专业人才"。[①] 外语学科要以此为坐标全面提高人才培养能力和水平。

第二，符合国家战略需求的国别研究能力。进入新时代的中国要进一步形成对外开放新格局，"一带一路"建设已经从"大写意"进入"工笔画"阶段，这要求外语学科进一步深化学科内涵，重点加强国别和区域研究能力，基于第一手资料，以多学科融合的方法和视角，对包括"一带一路"沿线国家在内的世界各国进行深入系统的研究，服务中外关系发展和中国企业"走出去"。

第三，符合国家战略需求的国际传播能力。多年来，外语学科始终将"把中国介绍给世界，把世界介绍给中国"作为自己的使命之一，但新时代条件下外语学科要突破"介绍"而上升到国际"传播"的高度。外语学科应充分利用自身的语言优势、研究优势、渠道优势，积极参与对外传播工作，着力"讲好中国故事，传播好中国声音，阐释好中国特色"，在国际社会关切的重大问题上在世界主流媒体发出中国声音。

第四，符合国家战略需求的"二轨外交"能力。进入新时代，特别是后疫情时代的中国，更需要与各国进行"政策沟通"。高校外语专业的国际合作与对外交流也要以服务国家战略为出发点和落脚点，主动承担好"二轨外交"这一特殊的非正式外交形式，通过多层次、多渠道、宽领域的学术交流，影响对象国的舆情、民情、政情，为"一轨外交"提供有益补充。

---

① 《提高我国参与全球治理的能力》，http://theory.people.com.cn/n1/2018/0104/c416126-29745992.html，2016年9月27日。

二、从"教学"到"教育":新时代外语学科的理念升级

为提升服务国家战略的能力,外语学科亟须进行教育理念的更新,其核心在于厘清"外语教学"与"外语教育"的关系,并实现从"外语教学"到"外语教育"的升级。

"外语教学"与"外语教育"这两种表述虽只有一字之差,却体现了两种不同的教育理念。前者更强调外语的工具性价值,后者则更突出外语的人文性价值。要提升前文提到的"人才培养""国别研究""国际传播""二轨外交"四种能力,外语必须在做好"教学"的基础上在"教育"上下功夫。值得注意的是,我国外语界曾长期对这两个概念没有明确地区分,至今在很多高校的外语教学,特别是"一带一路"沿线国家小语种教学中,最受关注的仍然是语言本体研究、教学法研究,以及呈现式的对象国文学、文化研究。教师给学生提供的是以知识层面为主的"语言教学",而不是基于外语并集"知识""能力""价值"三位一体的"人文教育"。[①] 这种情况明显制约外语学科的发展,影响外语学科服务国家战略的能力。例如,2000年发布并一直沿用至2018年的《高等学校阿拉伯语教学大纲》把基础阶段教学目的确定为"向学生传播阿拉伯语基础知识;对学生进行阿拉伯语语言熟巧和技能的全面训练;使学生对阿拉伯国家的文化及国情有初步的了解;培养学生掌握用阿拉伯语进行交际的初步能力;要求学生掌握正确的学习方法,养成良好的学习习惯,为提高阶段的学习打下坚实的基础。"[②] 高年级的教学目的被确定为"通过阿拉伯语言技能的训练及相关学科知识与文化知识的传授,进一步培养学生得体地运用阿拉伯语进行交际的能力,为他们毕业后从事一般的翻译、教学和以阿拉伯语为工具的其他工作奠定坚实基础。"[③] 从中可见,无论是在基础阶段还是在高年级,教学目的都是提高语言技能和传授相关知识,距离三位一体的人文教育有较大差距。对此,薛庆国教授曾撰文指出,"我们必须明确树立阿拉伯语教育的意识,在继承我国高校阿拉伯语专业强调语言基本功、重视精细训练的优良传统的基础上,勇于改革,在不放松培养学生语言能力的同时,充分发挥语言的育人功能。"

近几年来,由"新文科"建设、"双一流"建设推动的外语教育理念升级有了新的突破和升级,并逐渐形成共识。文秋芳教授将新中国外语教育分为四个阶

[①] 陆绍阳:《大学要有"遥远的掌声"》,载《人民日报》2017年3月20日,第5版。
[②] 《高等学校阿拉伯语教学大纲》,北京大学出版社2000年版,第13页。
[③] 《高等学校阿拉伯语教学大纲》,北京大学出版社2000年版,第221页。

段,并认为每个阶段都有着鲜明的发展特征和历史使命:"第一阶段教学目标主要是从语言知识到语言技能培养的转变,第二阶段是从语言技能到交际能力培养的转变,第三阶段是从交际能力到综合素质培养的转变,第四阶段则是从综合素质到学科核心素养培养的转变。"[①] 文秋芳认为:"第三个阶段所说的综合素质的培养,是把学生的综合语言应用能力放在中心地位,同时也强调外语教育应改变学生的情感态度、提高学生的文化意识、增加学生的语言知识和语言技能以及学习策略。而第四阶段强调的核心素养则要求更高,主要是四大类:一是语言能力,这是基础要素,是核心;二是文化意识,注重价值取向内涵,学生要有坚定立场,同时要面向世界吸收多元文化的精华;三是思维品质,强调学生思维应具有逻辑性、深刻性、批判性;四是学习能力,这是发展前提,是动力。"[②] 文秋芳教授所主张和倡导的是外语的全人教育,语言能力、学习能力、思辨能力、文化能力、创新能力和合作能力的培养过程也就是对传统的外语教学的范式转移和升级。

"外语教育"理念在 2018 版《外国语言文学类教学质量国家标准》中有了比较清晰的体现。其中对外语类专业学生的素质要求描述为"应具有正确的世界观、人生观和价值观,良好的道德品质,中国情怀和国际视野,社会责任感,人文与科学素养,合作精神,创新精神以及学科基本素养。"对能力要求的描述为"应具备外语运用能力、文学赏析能力、跨文化交流能力、思辨能力,以及一定的研究能力、创新能力、信息技术应用能力、自主学习能力和实践能力。"这标志着"外语教育"理念在实践层面得到重视和应用,在"国标"的指导下,各语种的培养方案都有了明显的变化。

总体而言,外语教育理念升级已经有了宏观的构建,很多高校外语专业也在根据国家战略需求和大学生胜任力要求开展理论研究和理念更新。而当前的重点在于尽快让这一宏观架构成为每一个语种培养方案的核心理念,成为每一位专业教师开展教育教学工作的普遍共识,只有在理念上内化于心,才能在实践中外化于行。

三、复合与协同:新时代外语学科的创新路径

在外语学科内涵不断丰富、外延不断扩展的背景下,单一的学科发展路径已

[①] 文秋芳:《中国外语教育 70 年发展的特点与面临的挑战》,https://www.sohu.com/a/294784343_528969,2019 年 2 月 14 日。

[②] 同上。

经不能满足国家战略需求和学生成才需要，因此亟须以"复合"和"协同"作为关键词创新外语学科发展路径。

第一，学科体系建设的复合与协同。"一流外国语言文学学科建设应树立'大学科'理念。"① 不同学科的复合与协同发展是一流学科建设的重要路径。在一级学科的框架内甚至突破一级学科推进外国语言文学与其他学科间的横向联系，应成为外语学科在人才培养、科学研究等方面新的增长点。例如，在空间维度加强与地理学、环境学等的复合，在历史维度加强与历史学、人类学、民族学等的复合，在文化维度加强与比较文学、哲学等的复合，在社会维度增强与政治学、经济学、社会学、法学、传播学等的复合。此外，随着新一轮科技革命的发展，外语学科也应当主动迎接挑战，在自然科学维度增强与信息科学等的复合。近年来，法学、会计学，甚至历史学、人类学、社会学都已经在与人工智能、大数据、云计算等技术的融合发展上取得了重要进展，外语学科在这一领域也有极大的发展空间，特别是在机器翻译、舆情分析等领域，外语学科应抢抓发展机遇和主动权。

第二，人才培养体系的复合与协同。外语专业的复合培养，即"外语+"，并不是一个新概念，各高校在这一领域的实践探索已有20余年的历史。外语学科特有的内在跨学科属性和外在跨学科属性也为"外语+"提供了更大的延展空间。但从发展现状看，多数高校外语专业的复合仍停留在语言与文学、文化在知识层面的简单复合，而非以国家战略需求和学生全面发展为导向的科学系统的复合。新时代的外语教育应当从多个维度构建复合培养体系，构建"外语+2.0"。这种复合方式要弱化专业门槛，但同时要强调学理深度，让学生在获取知识的基础上，重点在思辨能力、研究能力、跨文化交际能力的培养以及相关学科方法论的习得上下功夫，从而使得2.0版的复合培养模式有效突破1.0版简单复合的局限，为探索培养适应新时代需求的外语人才提供新的路径。在实现方式上，应打破学科、院系、专业等壁垒，改革培养机制，通过"大类培养""书院制"等举措，搭建知识传授、能力培养、价值塑造于一体的多维度培养结构。

此外，"四个课堂"（课堂教学、校内实践、社会实践、海外研修）的协同，特别是做好第四课堂——海外研修的工作，对提高新时代人才培养质量也具有重要意义。国家急需的国别区域研究人才、国际组织人才、全球治理人才需要学生具备广阔的国际视野、深厚的对象国知识、扎实的实地调研能力，而目前国内高校外语专业学生的海外留学、研修比例，特别是超越单纯语言进修的跨学科

---

① 高莹：《实现外国语言文学学科内涵式发展》，http：//www.cssn.cn/zx/201803/t20180321_3882100.shtml，2018年3月21日。

习,以及依托研究项目、有调研目的的实地研修比例明显偏低。因此,外语专业应积极开发资源、拓展渠道,在"国际化"上有所作为。

第三,师资队伍建设的复合与协同。无论是学科发展还是课程建设,归根结底要依靠优秀的师资队伍来实现。当前高校外语专业教师,特别是"一带一路"沿线国家小语种教师的专业背景和学缘结构都相对单一,成为学科发展的主要瓶颈,导致很多外语专业难以实现从"外语教学"过渡到"外语教育",也使得现有的复合培养往往两张皮,即"语言的归语言,专业的归专业",没有实现基于语言的高层次融合式专业复合。从短期来看,外语学科师资队伍建设可以通过教师发展计划更新、完善现有师资队伍的知识结构,并建设跨院系、跨专业的教学与研究共同体来加强师资力量。但从长期的可持续发展能力建设来看,应根据国家战略需求和学科发展趋势,有意识、有计划地通过一流外语院校与一流综合类高校,特别是国外一流综合类高校的联合培养,造就一支精外语、通专业的师资队伍,根本上解决人才困境。

"后疫情时代"阿拉伯语专业人才培养思考与展望

肖凌

摘 要：2020年的疫情对全球各行业造成了巨大而深远的影响，教育行业未能例外。我国高校阿拉伯语专业人才培养事业也因此经历了深刻变化与极大挑战。后疫情时代，高校阿拉伯语专业的教师须及时更新调整"教学"观念，加大对在线教育教学的重视与投入，不断优化教学设计，提升教育技术运用能力，加强对学生自主学习的支持力度，以适应时代的挑战。高校阿拉伯语专业的人才培养应顺应时势，抓住在线教育发展的契机，努力探索跨专业、跨校，乃至跨境的线上教学合作空间，探索高校阿拉伯语专业人才培养的新路径。

关键词：后疫情时代，阿拉伯语，在线教育教学

作者简介：肖凌，博士，北京第二外国语学院教授、博士生导师。有专著《哈桑·哈乃斐——阿拉伯当代思想研究》（外语教学与研究出版社，2013）、《阿拉伯固有文化研究》（社科文献出版社，2017）等。

2020年对全世界的各行各业而言都是极为特殊的一年。疫情对各行各业带来的冲击巨大而深远，"隔离""零接触"的需要迫使许多行业尽其所能减少面对面的"人人"接触，而大幅增加了对"人机"互动的依赖。由是，在线教育教学方式获得了空前的关注。尽管远程教育、在线教学早已非新生事物，但在2020年疫情的挑战下，在线形式的教育教学受到了突如其来且前所未有的期待和重视。高校阿拉伯语专业的人才培养工作也不能例外，大量的传统面授教学工作不得不调整为依赖网络、计算机技术来开展的在线授课及在线教育。

本文标题的第一个关键词是"后疫情"。"疫情"一词的背后，意味着不可避免的损失、不得不承担的代价，提示我们要做许多不得已而为之的调整与改变，以适应情况的发展变化。"后疫情时代"下，我们该如何面对困难、应对挑战，需要进行深入甚至长远的思考与探索。面对"疫情"带来的种种我们不得不面对的困难，及其产生的我们不得不承担的损失，我们所谈论的"后疫情时代"下的种种思考、探索与努力，实际上都不是一个关乎如何在阿拉伯语教学上

追求"完美"的话题，而是一个如何在不得已的现实面前尽可能"止损""减损"的话题。

当然，在疫情的压力下，我们也迫使超快速地推进了高校阿拉伯语专业远程教育、在线教学的发展步伐，如非疫情所逼，我们可能并不会如此迫切地去做这样的探索、思考或努力。从积极的角度去看待问题，这对阿拉伯语教学也可能是一个发展的契机。那么，我们应该如何抓住这个契机，一方面想方设法地"止损""减损"，另一方面尽我们所能地对高校阿拉伯语专业人才培养的创新性发展起到推动作用？

一、现实与挑战：疫情带来的问题与困难

2020年春季学期，由于受新冠肺炎疫情发展的影响，大多数高校阿拉伯语专业老师与其他专业的教师一样，都经历了一个不能进行正常返校、线下授课的学期。教育部于2020年2月5日印发了《关于在疫情防控期间做好普通高等学校在线教学组织与管理工作的指导意见》。在"停课不停教、停课不停学"的指导下，许多院校的阿拉伯语专业教师在春季学期以线上教学方式积极开展并完成了教学工作。上半年的疫情确实给阿拉伯语专业的技能型课程教学带来了非常大的挑战，在学生不能返校，无法进行线下的面对面教学的情况下，如何最大程度地避免学生的损失，减少疫情产生的负面影响，是所有高校阿拉伯语专业教学工作者共同面对的问题。

在这种情况下，教师只能采用线上的方式来进行授课，并在课余尽可能地使用线上手段来弥补无法进行面授教学所带来的损失。实际上，对于线上教学手段，我们并不陌生，而且已经具备了相当多的经验与积累。传统的面授教学模式下，教师的主课堂虽然以"人人"互动的模式在线下课堂进行，但通常会采取一些线上的方式加以辅助，即采取"线上+线下"融合教学模式。2020年，由于疫情的限制，许多高校阿拉伯语专业的春季学期课堂教学彻底从线下转变为了线上，秋季学期则变成了"线上、线下"双轨、同步、并行的教学模式。这样的变化给教与学双方，甚至有关各方都带来了巨大的挑战，也产生了不少新的问题。

如果从教师的"教"这一方来看，至少存在着三个方面的大幅调整和变化。

1. 对教学设计的调整

作为教师，教学工作的首要环节是备课，而在备课的过程中，最重要的就是做好教学设计。在阿拉伯语专业的线下授课模式中，大比重的教学内容与相关安排将会在课堂的面授和"人人"互动中完成精讲和多练。当教学模式从面授为

主转为线上课堂之后,许多原本在线下面授模式的课堂上理所应当、自然而然的师生"人人"互动受到了限制,甚至会彻底失去互动的空间。这个问题,无论我们采用多么先进的平台,多么友好的软件或程序,都是无法完全避免的。线上课堂的互动一定比线下面授模式受到更多的限制。这样一来,不仅学生的课堂学习效果受限,教师的授课效率也会受限。过去,可能教师一个眼神就能把握到课堂情况,并随之做出课堂节奏把控,但这在线上教学中变得非常困难。换作线上课堂后,教师能够看见的可能只是闪烁在电脑屏幕上的学生头像。学生对于教师传授的内容是否理解、接受、掌握,在面授时教师能够快速掌握并依此开展的课堂教学,而在线上课堂,教学过程将毫无悬念地受到大幅的限制。

那么,如何在这种有限互动课堂模式下实现最大课堂效率?这需要教师在备课的教学设计中充分考虑课堂互动的效果下降、效率下降的必然前提下,调整课堂的授课内容、加大预习环节的教师投入。教师在课堂授课之前,在预习提示环节要加大设计和投入。有些原先在课堂上做的预习检查,将必须调整到课前;有些原先可以在课堂上做的示范,将只能想办法通过"雨课堂"、腾讯、微信小打卡等等程序提前设置。还有一些练习原本也可以在课堂验收,但是在线上课堂模式下,也只能在预习或课后收取,以降低"人机"互动所带来的课堂时间成本。在课后收作业的环节上,教师也必须重新设计。哪怕是收作业的方式,都比过去有了许多新的讲究。传统面授形式下,教师布置作业后,可能只需要学习委员把作业本一收,往老师手里一交就行了。现在,在线上教学模式下,教师通过网络、远程来收作业,首先需要考虑,作业是师生一对一收?还是依托某个平台由学生统一提交?一对一收作业是依托邮箱,还是依托小程序,抑或是某个平台来完成?什么样的作业适合以师生一对一的方式收取和反馈?什么样的作业依托某个平台统一提交并反馈?这些都需要教师在教学设计的环节细致深入地考虑。同样完成一个精读课单元的教学目标,从布置预习到收取、批改课后作业并反馈,整个流程可能比线下教学时所需要付出的时间多 2~3 倍。原本课表上 2 个课时的工作量,课时加上课前课后的工作需要教师投入约 8 小时,加起来大概需要教师投入 10 小时的工作时间,现在可能需要教师投入 20 小时甚至更多的工作时间。当然,这只是基于个案的粗略统计,有些课程转为线上模式后有可能需要教师增加投入的时间比重更大。

因此,总体而言,线上课堂教学带给阿拉伯语专业教师的工作量要远大于线下模式,这一点可能超出了许多人对在线教育的想象。阿拉伯语线上课堂的教学,在技能训练上为了尽可能减少学生损失,需要教师在课堂以外投入巨大的时间和精力,教师须正视这一挑战,并在教学设计中不断追求优化。

2. 对教育技术的依赖

传统的线下面授课堂，教师所依托的是"讲台"。通过讲台，教师与学生可以实现"人人"互动。然而，线上课堂教学模式下，教师的授课须由计算机网络技术支持提供平台方可进行。同时，有了网络平台之后，教师在面授模式下所依赖的"黑板""投影"等教具，也演变为需要依托电脑硬件或软件来满足需要。

在 21 世纪，虽然高校教师多擅长使用多媒体教学手段来辅助授课，但线下面授课堂上对多媒体教育技术的依赖程度，远非线上课堂模式下的依赖程度可比。面授课堂对教育技术的依赖只是一种补充式的完善，而线上课堂对教育技术的依赖则是一种不可或缺的质性需求。教师必须掌握各种授课平台的特点，究竟采用腾讯课堂、腾讯会议、钉钉、雨课堂还是其他平台，需要教师及教学辅助部门对有关平台的特性及相关课程的特点有深入的了解，并进行适当的匹配。教学预习中可能涉及的各类程序、小程序或硬件设备，如"晓黑板""小打卡"或手写笔等，教师须熟悉并掌握其功能，配合教学过程的需要，将其融入教学环节。另外，一些原本在课堂上可通过教师直接亲身示范的内容，可能需要教师以音频、视频等录制设备进行录制并编辑……这些具体的技术与设备是线上课堂教学离不开的工具，教师对其的依赖程度可谓空前，教师在相关方面的技术准备也变得尤为重要。

以"高级阿拉伯语"课程教学为例。这是高年级典型的语言综合技能类课程，该课程在课堂教学中对学生阿拉伯语的听、说、读、写、译等五项基本功都有针对性或综合性的训练。在"说"的训练中，如果在面授的课堂模式下，教师可以即时地对学生的朗读、口语训练进行验收、评估、反馈，并随之进行纠错与再示范。但是，在线上课堂模式下，碍于网络条件的种种现实瓶颈，如网速不足以支撑师生双方摄像头开启并即时传输双方的音效，或学生所在环境条件不允许开启摄像头和麦克风，导致朗读验收无法在课堂即时进行，而需要在课堂之外通过其他手段来辅助和支持学生自行评估、纠错、模仿示范。因此，在备课环节，教师须将朗读示范以录音或视频的方式提前录制，并及时提供给学生，以便支持学生更好地完成自查与验收。在正常的教学条件下，教师如果需要录制有关的教学音频或视频，可以仰仗学校教学技术部分提供的技术支持，由专门的教育技术人员更高效地完成。但因为疫情，教师只能"单兵作战"，只能通过自己个人的技术能力来完成这部分的教学任务需求。这对于教师而言，很有可能是一个全新的技术领域，需要教师切实地下功夫、花力气掌握相关设备及技术。

除了"说"的训练，还有"写"的训练，尤其是课后作业。传统面授模式下，"高级阿拉伯语"的作业通常会通过学生手写在练习本上交给教师，并由教师手写批阅反馈。在线上授课模式下，作业提交须通过电子形式。那么，学生完成作业时，是依然采用手写再进行拍照提交还是直接用电脑编辑文字后提交？一般来讲，本科阶段的基本功训练还未能超越手写阿拉伯语的阶段，通常还是需要学生以手写方式完成，提交时借助硬件设备及软件支持来提交。那么，提交时的文件以何种方式进行提交，也是一个值得提前设计的问题。如果学生通过拍照并以照片格式提交作业，教师采用电子形式进行反馈，很可能会涉及手写笔+PAD等软硬件设备的使用；如果学生作业以 PDF 格式提交，教师可能需要掌握 PDF 编辑工具。当然，教师也可以通过打印机等设备将学生提交的电子作业打印后手写批阅再拍照反馈，但相比较于运用电子形式的手段进行反馈，打印后批阅再拍照的反馈形式显然效率要低。因此，在这个细节上也可看出，在线上课堂教学模式下，教师对教育技术的依赖程度大大提升。

3. 对授课对象的支持

在线上授课模式下，许多教师会更加深刻地体会到刺激学生学习动机的难度。因为在网络环境下的教学，通常有一个假设的前提，即学习者自身已具备充足的学习动机，是一个独立的学习主体。"网络学习要求学习者自主选择学习过程，成为学习的主体。"[①] 而事实上，当面对疫情的挑战，我们不得不让所有学习者转入网络在线的学习模式时，并非所有的学习者都具备足够强的学习动机，而是有相当一部分学生的学习动机需要教师进行有效激发。那么，在线教学模式下想要充分刺激学生的学习动机，调动学生自主学习的积极性，就成为一个相当大的挑战。的确，如果学生在线下面授学习的模式下都动机不足，学习积极性起不来，转为线上课堂教学模式了，教师就更难刺激学生的学习动机了。

线上课堂教学有很多困难，学习动机不足是其中尤其难以解决的问题。但是，学习动机不足并不是线上教学带来的新问题，而是任何教学模式下教师都需要面临的挑战。动机不足并非线上教学带来的新问题，而是教师长期以来老生常谈的问题，只是这个老问题在新情况的挑战下，显得更加难以解决。教师应该充分地考虑如何面对和战胜这个挑战，而不是将在线教学效果的不够理想归咎于这一挑战。"线上教学由于缺乏线下监督，学生自律性较差等原因，很多学生不能进行有效的自我约束，更不能进行高效的自主学习。"[②] 在线下授课模式下，教师可以更好地发挥"督""促"等功能，约束学生的惰性从而更好地激发学生的学习动机。然而，在线上授课模式下，教师督促、约束的功能自然下降，只能加

---

① 王守仁、赵文书：《网络环境下的英国文学教学》，载《国外外语教学》2003 年第 1 期，第 25-29 页。
② 王唯怡：《后疫情时代高校外语教学云端与线下混合式教学模式的思考》，载《中国多媒体与网络教学学报（上旬刊）》2020 年第 8 期，第 52-54 页。

大支持力度,来引导、帮助和鼓励学生努力完成学习任务。

那么,如何为学生提供更有效、更有力的支持?虽然无法进行面对面的"人人"互动,教师还是需要通过作业、课后的联系来想方设法判断学生需要,更细致地通过作业反馈去给学生提供更具针对性的学习支持。

当然,在线上授课模式下,教师也并非完全失去了督促和激励的机会。教师可以通过预习、课堂、作业的绩效记录给学生发出提醒,同时对于学生取得的进步给予及时的表扬,这些都是在线授课模式下教师依然可以采取的刺激学习动机的手段。

如何刺激学习动机的问题是教师一辈子都要修炼的功课。线上教学比线下更难以实现对学习动机的积极有效刺激,但我们在面对这样的现实情况下唯一能做的,也只有好好想一想怎样在这样的现实情况下想方设法去更好地支持学生,尽最大努力去保障学生的获益。因此,教师可充分依据支架理论的指导,"在支架教学中,教师起着指导、引导、帮助的作用,是学生掌握、建构、内化那些能使其从事更高认知活动的技能过程中的'脚手架'"①,不断挖掘给予学生支持的可能性,充分发挥教师对学生的支持者的角色,为学生的自主学习提供足够完善、充分的支架,帮助其完成学习任务。

二、探索与反思:"教学"概念的变化与发展

后疫情时代,在新的挑战与困难面前,我们已经充分地从工具层面体会到了"教学"这项工作的变化。但是,更重要的一点是,我们是否思考过,在后疫情时代,"教学"作为一个概念,也可能已经发生了重要的变化。

"教学"意味着什么?在过去的观念中,"教学"自然意味着"面授"教学,或者说"面授"为主的教学。后疫情时代,这一观念很可能产生了重大的变化。当我们提到"教学",很可能所指的是线上、线下两种模式或两种模式并行的教学,而不再是单纯的线下教学。那么,线上、线下的比例该如何进行分配,这可能是真正的挑战。

传统上,我们通常认为在线教育教学仅仅是面授教育教学的一种补充。这种观念在后疫情时代受到了严峻的挑战。2020年春季的在线授课模式,已经让线上教学、线上课程成为当务之急的现实需求,而不再是我们展望未来时的期许。在线教学,借助现代化信息技术手段,其获益的便利程度大大增高,从而能够让

---

① 盖淑华:《最近发展区中的词块习得实证研究——基于支架式教学的实验报告》,载《外语与外语教学》2010年第5期,第68-72页。

更广泛的学习者参与并受益。但是，我们需要反思的是，在大力加强线上课程建设的同时，必须对各类课程的性质有更加清醒和透彻的认识。什么样性质、什么样类型的课程适合做成线上课程？什么样的课程，无论采用怎样先进的线上手段，都无法取代线下授课的过程与效果？这是特别需要教师和学校以负责任的态度去认真面对和思考的问题。

无论如何，后疫情时代的阿拉伯语人才培养过程中，"教学"的线上工作比重已显著增大。基于这样的现实，教师应提醒和要求自己做到：

一是对教师自身的教育技术能力要求要提高；

二是对学生自主学习的课外支持力度要加强。

面对在线教学日益占比增重的挑战，阿拉伯语专业的教学与其他外语语种的教学一样，"老师不会'下岗'，但必须'转岗'，要在'基于设计的教学'理念下，充分发挥其学生学习辅导者、评价者这一'教练'角色"。[①] 后疫情时代的阿拉伯语专业人才培养，必须高度重视线上教学效度的提升，教师应充分认识支架式教学理论在人才培养过程中的指导作用，更好地发挥自身作为学生"支持者"的作用，尽可能提供足够的支持，帮助学生完成阿拉伯语的学习任务，达成学习目标。

三、前景与展望：数字化教育的可能性与可行性

本文探讨的是"后疫情时代"的阿拉伯语专业人才培养的话题，探讨这个话题的出发点主要是关乎在不得已的现实面前如何止损、减损，而非如何追求完美的教学效果。但基于疫情的现实，我们不得不对"教学"的观念进行调整，加大对在线教育教学的重视和投入，这实际上也符合了互联网时代的潮流。

面对线上教育教学势不可挡的潮流，我们不妨深入思考：线上相比线下有什么绝对的优势？跨越了时空距离障碍的线上教育，也为我们提供了拓展人才培养新路径的可能性与可行性。我们可以立足自身专业，放眼全国甚至全球，挖掘其他专业、其他院校甚至其他国家、地区的教育教学资源来为我所用。

1. 跨专业合作线上教学

当前，外语专业的人才培养倡导跨专业复合、跨语种复语的方向，在传统面授的课堂条件下，由于教室、课程等时空的限制，难以实现的合作，在线上教学模式下，反倒产生了新的可能。学生的辅修专业、第二外语等选择得以增加，通

---

① 胡杰辉、伍忠杰：《基于 MOOC 的大学英语翻转课堂教学模式研究》，载《外语电化教学》2014年6期，第40–45页。

过课程直播、录播、慕课等各种在线课堂模式，能够将跨专业的合作更有条件成为现实。

2. 跨校合作线上教学

除了校内不同专业的资源可以通过线上教学模式实现共享，跨校的资源也可以借助网络在线教学的模式实现更大范围的共享。不同院校拥有的各自的特色资源，在消除了线下的时空限制后，将有可能更加便利地提供给有意愿的学习者，使学生能够以更高的效率吸取各类资源的益处，帮助学生成长。

3. 跨境合作线上教学

疫情使出国留学成为困难重重的任务，但在线教育教学模式的发展，将使跨境的线上教学具有更大的可行性。各校、各专业可抓住契机推进跨境的线上合作教学，以弥补学生未能跨出国门或去往异地求学所不得不面临的损失。

四、结语

2020年的疫情改变了我们对教育教学的许多理解与看法。后疫情时代的挑战才刚刚开始，作为教师，我们需要以理性的态度，冷静地面对现实带来的各种挑战，并以"只问耕耘"的敬业精神不断深入地思考如何将阿拉伯语人才培养的工作做得更好。

除了在具体的工作层面顺应时代的挑战做出调整的努力，教师更应该做的是要在观念层面做出及时的更新与调整。后疫情时代应该如何理解"教学"，是所有教育者都需要思考的问题。只有观念顺应时代的发展变化，做出了及时且必要的更新，行动和作为才能更好地符合时代发展的要求。诚如埃及当代思想家扎基·纳吉布·马哈茂德所说，"人们应该在早先的原则不再能在当今产生必要成果之时，对这些原则做出相应的调整，因为先辈们立下的原则是根据他们当时的情况所做出的用以改善过去那个时代状况的主观假设。如今时代和条件都变了，那么，这些主观假设也应该有相应的改变"。[①] 后疫情时代的阿拉伯语专业人才培养，需要教师更加重视在线教育教学的投入，不断探索在线教育教学实践的方法，发现在线教育教学事业新的可能性。由此，无论情况如何变化发展，阿拉伯语专业人才培养的事业都将迎难而上，不断进步。

---

① ［埃及］扎基·纳吉布·马哈茂德著：《更新阿拉伯思想》，旭日出版社1993年版，第198页。
(د. زكي نجيب محمود: "تجديد الفكر العربي"، دار الشروق، 1993م، ص198.)

新时代阿拉伯语卓越人才培养体系建设刍议

马福德

摘要： 阿拉伯国家是中东地区主要国家，是我国向西战略的主要支点地区。与相关阿拉伯国家交往不仅需要大批一般阿拉伯语人才，更需要阿拉伯语卓越人才。因此，解决阿语人才培养过程中大众教育模式下常态产出与高端人才匮乏、大众教育模式与个性发展教育需求、高校间优质教学资源集中与匮乏等主要矛盾，进行阿语高端人才相关理论研究与实践探索，形成科学的培养机制，既是高等教育的内在逻辑，也是新时期赋予的使命。

关键词： 阿拉伯语，卓越人才，培养体系

作者简介： 马福德，教授，博士生导师，现任西安外国语大学亚非学院院长。

> 南海商船来大食，西京袄祠建波斯。
> 远人尽有如归感，知是汉家全盛时。

王国维这首咏吟汉唐与外部世界交往的史诗，表现了他对世界文明交往的开放胸怀。我国发展已经步入一个全新的时代，世界变得如此之小，你中有我，我中有你。"开放与合作"是这一时期在官方表述中出现频率最高的词汇。如国家"十三五"规划纲要明确指出，要推进"一带一路"国家倡议，坚持共商共建共享原则，开展与有关国家和地区多领域互利共赢的务实合作，打造陆海内外联动、东西双向开放的全面开放新格局。享有"五海三洲之地"的中东不仅是全球地缘政治中的重要交通枢纽、世界热点地区，也是我国对外开放的主要支点地区，培养高层次相关阿拉伯语人才显得十分必要和迫切。

一、阿拉伯语卓越人才理论研究与实践探索

1. 理论研究

我国对于卓越人才培养机制的研究主要存在于法律、国际关系或国际贸易等显学学科，相关研究成果丰硕。但阿语高端人才培养模式的探索则显得十分薄弱，相关研究成果屈指可数，而且主要集中在对国内阿语人才培养现状的反思，偶涉本领域的研究也仅止于对"复语课程"建设、国际化、复合型人才培养等方面的宏观探讨，高端人才培养的理论研究成果匮乏。以知网检索为例，截至2020年10月1日，当我们输入"阿拉伯语高端人才培养""阿拉伯语卓越人才培养"等字眼检索时，结果显示均为0。

2. 实践探索

就卓越人才培养而言，国内各高校根据自身不同的区域特点和学科定位，建立了相应的卓越人才培养标准与模式。以国内发展较为成熟的法学学科为例，教育部仅于2012年年底批准成立的法律专业卓越人才培养基地就有近百所，这些基地师资力量雄厚，配套资金充裕，培养制度完善，体系化程度高。但与之相反，阿语专业近年来虽有突破性发展，但所培养的人才多为应用型的单一语种人才，远不能满足国家对高端人才的迫切需求。目前，国内以北京外国语大学和上海外国语大学为代表的两所外语类高校正在积极探索新时期外语专业人才培养的新模式。北京外国语大学于2015年成立了地区研究教研室，开设包括对象国法律、国际关系等课程，旨在将语种建设同其他专业相结合，培养复合型人才。上海外国语大学于2015年12月成立卓越学院，通过采用多元化培养模式和个性化培养方案，探索培养国际化人才之路。但是，在我国作为有近百年教育教学历史的阿拉伯语卓越人才培养的实践仍处于探索起步阶段。

二、阿拉伯语人才培养需要解决的三大矛盾

如前所述，我国阿拉伯语人才培养虽然取得了巨大成就，但也面临着诸多挑战。大众教育和精英教育是高等教育的两个重要组成部分。美国学者马丁·特罗在《从精英向大众高等教育转变的问题》中特别强调，在大众化教育阶段，精英教育机构不仅应该存在，而且应该得以进一步地发展。因此，阿语人才培养同样需要解决如下问题：

1. 解决大众教育模式下人才常态化产出与高端人才匮乏的矛盾

随着我国深度参与全球治理，急需一批通晓多种外语、掌握非外语专业（如

区域国别研究）研究方法、具备全球视野和创新能力的卓越语言人才，但现有的培养模式无法满足这一急切需求。阿语人才培养应突破传统人才培养模式，以全新理念和方式，培养高端人才，为国家对外战略和地方经济发展提供强大的智力支撑。

2. 解决大众教育模式与个性发展教育需求间的矛盾

目前，我国阿语人才培养建立在满足一般人才培养的基础之上，无法满足学生个性化发展的需求。我们应通过个性化教育方式，在教学中根据优秀学生的认知水平、学习能力以及自身素质，选择适合其特点的学习方法进行有针对性的教学，发挥学生的长处，激发学生的学习兴趣，充分挖掘学生的潜能。

3. 解决高校间优质教学资源集中与匮乏的矛盾

如今，我国阿语教育资源严重失衡，普通高校与重点高校之间、国内高校与国外知名高校之间存在巨大差异。我们应通过建立卓越人才培养联盟等方式，较好地实现阿语教学与科研等方面的优质资源共享。

三、阿语卓越人才培养体系建设主要关注的几个问题

按照教育部所提的"新文科"的精神和高等教育教学改革的要求，以国家对阿语卓越人才需求为导向，探索和建设阿语卓越人才培养体系。

1. 厘定阿语卓越人才的概念及其内涵，并制定相应的人才培养目标

阿语卓越人才培养体系的研究，首先要对阿语卓越人才的概念及其内涵进行界定，制定培养目标，为国家和地方培养一批卓越的"参谋助手"。美国研究型大学认为，卓越人才应具有个体的创造性（Creativity）、天赋潜能（Potential Talent）、学术性向（Scholastic Aptitude）及成就（Product）等要素。结合我国实际和阿语发展现状，阿语卓越人才的"卓越性"应体现在语言能力、专业水平、国际化视野和创新能力四个方面。基于此，阿语卓越人才培养目标拟定为培养通晓多种外语、掌握非外语专业（如区域国别研究）研究方法、具备全球视野和创新能力的阿语卓越人才。

2. 探索"多语种＋X方向＋多校园＋双导师"的培养模式

要培养出"卓越"的阿语人才，就必须实现培养模式的创新。因此，卓越人才培养应遵循基础性、多样性、针对性、渐进性和实践性原则，打造出"多语种＋X方向＋多校园＋双导师"的全新培养模式。

多语种指阿语人才必须掌握三门外语，即专业外语、专业相近外语（如希伯来语、波斯语、土耳其语等）和英语或法语。

X方向指区域国别研究、国际法、国际关系等方向的基础和核心课程，具体方向可根据国家需求导向和学生个人兴趣意愿来进行动态调整。

多校园指为实现阿语人才的"卓越化"培养，打破校际壁垒，实现学生国内外多校园流动学习，搭建国内多院校和中外合作培养的多层次、立体、交叉的交融型培养平台。

双导师指学生在入选"阿语卓越人才培养实验班"后，实行导师负责制，每位学生配备两名导师，分别负责其语言能力培养和科研潜能开发。

3. 制订阿语卓越人才培养方案

培养方案作为人才培养的纲领性文件，指导教学各个环节。阿语卓越人才培养方案的制订必须突出"卓越"，突破传统培养模式，体现语言能力、专业水平、国际化视野和创新能力等方面的要求。

4. 建设较为完善的阿拉伯语卓越人才课程体系

通识课程模块：通识课程要求学生具有公共意识和为社会、国家服务的信念。

多语种课程模块：多语种即对语言素养能力的要求，要求学生掌握三门外语，英语或法语能力至少达到专业四级水平，专业外语能力高于《外国语言文学类专业本科教学质量国家标准》的要求，专业相近外语能力达到能够熟练阅读外语文献资料的水平。

专业方向课程模块：专业方向课程要求学生达到教育部对该专业的本科人才培养标准水平，具备创新能力，其学术成果具有实质性的进步，能够产生有益的社会效果。

多校园课程模块：多校园课程要求学生具备全球意识和多元文化背景，掌握本专业国际研究前沿动态，具备一定的分析判断国际形势发展变化的能力。

5. 探索阿拉伯语卓越人才培养的教学方法

教学方法决定着教学的效率与质量，培养阿拉伯语卓越人才，需要探索与其相适应的教学方法，提高教学效果与效率，保障阿拉伯语卓越人才的培养质量。

6. 探索阿拉伯语卓越人才培养的师资队伍建设模式

一支卓越的师资队伍是阿拉伯语卓越人才培养的根本所在。通过搭建校园联盟、师资共享、经验传承等方式实现教学团队的专业化、交融化（多学科交叉）、国际化。

7. 构建阿拉伯语卓越人才培养的全新管理运行体系

管理运行体系的构建是实现阿拉伯语卓越人才培养的保障，将构建破除校园壁垒、包容专业差异，服务个性化培养的新型管理体系。

8. 建立质量监控与评价体系

以教育思想和教育观念转变为先导，以提高教学质量为目标，运用系统科学的理论和方法，科学地确立和构建多层次、多维度的教学质量监控与评价体系。

第二部分　专业课程与课程思政建设

阿拉伯语基础语法课程思政路径探索

蒋传瑛

摘要：教育的本质是育人。"课程思政"将教书育人、立德树人落实于课堂教学之中，将育人与育才有机统一，同向同行，实现协同育人。本文回顾了"课程思政"的理念从产生到形成所经历的三个阶段，探究了"课程思政"的实质。然后，结合阿拉伯语语法课程的教学总目标、目的、作用、特点等课程元素，寻找阿拉伯语语法专业课程与课程思政的融合点，总结出"加强教师的思政能力→重构语法课程教学设计→选择合适的教学素材为载体→改革创新教学理念、手段和方法→实现目标"的语法课课程思政路径。

关键词：阿拉伯语，语法教学，课程思政，路径探索

作者简介：蒋传瑛，教授，硕士生导师。北京外国语大学阿拉伯语学院教师（退休），现为浙江外国语学院东方语言学院阿拉伯语系外聘教师。先后教授过阿拉伯语法、精读、阅读、视听、阿拉伯经贸与中阿经贸关系、阿拉伯语的起源和发展、阿拉伯国家的经济等课程。特别是对阿拉伯语法教学有丰富的经验和不断的探索、研究。主要研究方向为：阿拉伯语言、阿拉伯伊斯兰文化。发表论文10余篇、译文10余篇；主要成果有：专著《实用阿拉伯语语法》（合著）、《阿拉伯语与阿拉伯文化》（合著）、《阿拉伯语篇章语言学》（合著），教材《新编阿拉伯语》（第二册）和阿拉伯文版的也门中等技术学校专业教材《金属切削机床》，担任《汉阿政治外交词典》特约编审，并参与了商务部《阿联酋贸易投资指南》的编写。

课程思政的理念始于2004年，当时中央先后出台关于进一步加强和改进未成年人思想道德建设和大学生思想政治教育工作的文件。课程思政理念的形成经历三个阶段：2005年，启动实施"两纲教育"，推进以"学科德育"为核心理念的课程改革；2010年，上海承担国家教育体制改革试点项目"整体规划大中小学德育课程"，聚焦大中小学德育课程一体化建设；2014年，将德育纳入教育综合改革重要项目，探索从思政课程到课程思政的转变，逐步形成了"课程思政"

理念。习近平总书记在 2016 年 12 月 7 日召开的全国高校思想政治工作会议上强调：“要坚持把立德树人作为中心环节，把思想政治工作贯穿教育教学全过程，实现全程育人、全方位育人。”因此，找到正确的实施路径，将阿拉伯语基础语法课程与"课程思政"相衔接，同向同行，形成协同效应，成为摆在阿拉伯语语法专业教师面前的一个新课题。

要探索阿拉伯语基础语法课程"课程思政"路径，必须清楚"课程思政"的实质。

一、课程思政

课程思政就是要充分发挥课堂教学在育人中的主渠道作用，将思想政治教育贯穿于学校教育、教学的全过程，将教书育人落实于课堂教学的主渠道之中，发掘各类课程的思想政治理论教育资源，发挥所有课程的育人功能，落实所有教师的育人职责。"以构建全员、全程、全课程育人格局的形式将各类课程与思想政治理论课同向同行，形成协同效应，把'立德树人'作为教育的根本任务的一种综合教育理念。"①

课程思政的主要形式是将思想政治教育元素，包括思想政治教育的理论知识、价值理念以及精神追求等融入各门课程中，潜移默化地对学生的思想意识、行为举止产生影响。如盐融于水，有味无影；似细雨轻落，润物无声。

课程思政的本质是立德树人。注重传道授业解惑，"育人"先"育德"，将育人与育才有机统一，一直是我国教育的优良传统，是我们党用以解决"如何培养人"和"培养什么样的人"的问题的根本保障。始终坚持以德立身、以德立学、以德施教，注重加强对学生的世界观、价值观和人生观的教育，传承和创新中华优秀传统文化，积极引导当代学生树立正确的国家观、民族观、历史观、文化观，才能为国家培养更多德智体美劳全面发展的人才，为中国的社会主义事业培养合格的建设者和可靠的接班人。

课程思政的理念是协同育人。提出课程思政的目的就是为了实现各类课程与思想政治理论课的同向同行，实现协同育人。不论是"三全"育人还是"十全"育人，其体现的正是协同育人的理念。作为我们党的教育方针和我国各级各类学校的共同使命，能不能为中国特色社会主义事业源源不断培养合格建设者和可靠接班人，能不能为实现中华民族伟大复兴中国梦凝聚人才、培育人才、输送人

---

① 《课程思政》，百度百科，2020 年 8 月 25 日，https：//baike.baidu.com/item/%E8%AF%BE%E7%A8%8B%E6%80%9D%E6%94%BF/22421661？fr=aladdin。

才，是衡量一所学校教育水平最为重要的指标。世界一流大学都是在服务自己国家的发展中成长起来的，"只要我们在培养社会主义建设者和接班人上有作为、有成效，我们的大学就能在世界上有地位、有话语权"。

课程思政的结构是立体多元的。课程思政本身就意味着教育结构的变化，着眼于实现知识传授、价值塑造和能力培养的多元统一。要求教师在教育中积极探索实质性介入学生个人日常生活的方式，将教学与学生当前的人生遭际和心灵困惑相结合，有意识地回应学生在学习、生活、社会交往和实践中所遇到的真实问题和困惑，真正触及他们知识的深处，亦即他们认知和实践的隐性根源，从而对之产生积极的影响。

课程思政的方法是显隐结合。培养什么人、怎样培养人以及为谁培养人是人才培养的根本问题，我们的教育必须扎根中国大地，坚持社会主义办学方向。人才培养体系涉及教学体系、教材体系、学科体系、管理体系等，贯通其中的是思想政治工作体系。课程思政正是要立足于构绘这样一个育人蓝图，通过深化课程目标、内容、结构、模式等方面的改革，把政治认同、国家意识、文化自信、人格养成等思想政治教育导向与各类课程固有的知识、技能传授有机融合，实现显性与隐性教育的有机结合，促进学生的自由全面发展，充分发挥教育教书育人的作用。

课程思政的思维是科学创新。在全国高校思想政治工作会议上，习近平总书记提出了提高学生思想政治素质的明确要求，即"四个正确认识"，其要义就在于要学会用正确的立场、观点和方法分析问题，把学习、观察、实践同思考紧密结合起来，善于把握历史和时代的发展方向、把握社会的主流和支流、现象和本质，养成历史思维、辩证思维、系统思维和创新思维。对于课程思政而言，其首先所展现的就是一种科学思维，它强调要用辩证唯物主义和历史唯物主义的思维方式去看待事物，不能陷入唯心主义和机械唯物主义的泥沼，将理论导向神秘主义。尤其是在当前国际社会意识形态领域风云变幻，各种社会思潮观念激烈交锋的背景下，我们的教育要用马克思主义的立场、观点和方法去教书育人，为学生构筑起牢固的思想防线，抵制各种错误思潮、错误言论对学生的危害。其次，课程思政所展现的是一种创新思维，它强调在思想政治理论课以外的课程中融入思想政治教育，这是以前的思想政治教育未曾关注到的。而且在课程思政建设的具体过程中，也更需要创新思维，以新思维催生新思路，以新思路谋求新发展，以新发展推动新方法，以新方法解决新问题，实现课程思政的创新发展。

二、阿拉伯语基础语法课程

阿拉伯语基础语法课程的教学总目标是培养学生的综合语言运用能力，让学生掌握阿拉伯语基础语法的理论概念、相关知识和技能，具有分析和解决语言实践问题的能力。

阿拉伯语基础语法课程的教学目的是使学生通过学习基础语法掌握基本的句型，运用句型进行听、说、读、写等实践活动，培养学生的基本语言技能，进而准确地综合语言运用能力，深化、梳理、系统学生的语法知识。

阿拉伯语基础语法课程教学的作用是通过讲授语法知识，培养学生语法应用能力，最终提高他们的语言交际能力。

阿拉伯语基础语法课程是专业基础课程，教学关注的是学生语法知识的积累和语言技能的掌握，是以语言和语言现象为研究对象，以认识和掌握语言规律为目标，强调遵循自然规律，似乎并不涉及思想政治问题。

阿拉伯语基础语法课程的结构也是多层次的。作为高校的一门基础课程，阿拉伯语基础语法课程在传授阿拉伯语语法知识和培养语言技能的同时，同样也担负着培养什么人、怎样培养人以及为谁培养人的责任，同样要立足于"通过深化课程目标、内容、结构、模式等方面的改革，把政治认同、国家意识、文化自信、人格养成等思政内容与自身课程固有的知识、技能传授有机融合"。因此，阿拉伯语基础语法课程实质上并非单一的语言教学，它也是立体多元的，是语法知识传授、语言技能训练，是立德育人、文化传播和综合能力培养多层面、多元化的统一。

阿拉伯语基础语法课程的思维同样是科学创新。作为科学创新，首先需要学会用正确的立场、客观的观点和科学的方法分析问题，把学习、观察、实践同思考紧密结合起来，养成历史思维、辩证思维、系统思维和创新思维。其次，需要学会运用科学思维，用辩证唯物主义和历史唯物主义的思维方式去看待语言现象，而不能陷入唯心主义和机械唯物主义的泥沼，理论与实践相脱节。最后，还要运用创新思维，不断改革语法教学观念、内容、方法及手段。以新思维催生新思路、以新思路谋求新发展、以新发展推动新方法，以新方法解决新问题，实现语法课程的创新发展。

三、阿拉伯语基础语法专业课程与课程思政的融合点

首先，阿拉伯语基础语法专业课程与课程思政两者之间具有天然的联系。马克思主义有三个组成部分：哲学、政治经济学和科学社会主义。马克思主义哲学的物质观、运动观、规律观、矛盾观、量变质变观等，都是在对自然科学现象和社会科学现象分析之后得出的认识。语法课程所涉及的语法知识和语言技能是人类文明在语言方面的经验积累，体现了人类文明在这方面的发展历程和成果，蕴含了与之相应的人文精神。因此，语法课程与课程思政之间具有天然的联系。在语法课程的教学过程中，融入家国情怀、政治担当，发挥课程思政的作用，实现协同育人是切实可行的。

其次，阿拉伯语基础语法专业课程与课程思政具有共同的职责、功能。语法课程不仅是只管语法知识的传授和语言技能的培养，也承担着"价值引领"的任务和责任，有着立德育人和综合能力培养功能。在这些方面语法课程与课程思政具有共同的职责、功能，实质上早已是在"同向同行"，只不过重视程度还不够，需要大力加强。

最后，语法课程与课程思政都是通过语言——这个共同的载体实现教育、教学目的。挖掘语法课程中隐藏的思政教育资源，让学生在学习语法知识、提高语言交际技能的同时获得更多的思想感悟，培养自身的思想政治素养和高尚的品德，拥有良好的精神信仰，塑造完善的自我人格。实现专业课与课程思政相向而行，共同育德树人的目的。

由此可见，阿拉伯语基础语法课程与课程思政是有着不少的融合点，完全可以将思政内容引入语法课程，为语法课程注入更加旺盛的生命力。我们要充分认识到两者结合的优势所在并加以践行，让学生从中真正获益。

四、阿拉伯语基础语法专业课程开展课程思政的路径

第一，提高思政素养，加强思政理念。课程思政协同育人的落实，关键是教师。作为语法专业教师，在钻研专业的同时，平时也要注意政治学习，提高自身的思想政治素养，树立正确的世界观、价值观和人生观，成为一个德才兼备的人，为学生树立良好的榜样；还要不断强化思政理念，增强育德育人意识，努力提高自身的育德能力，做先进思想的传播者，学生健康成长的指导者。因为只有这样才会在专业备课时、课上授课时、课下与学生接触时，敏锐地发现可以用于思政教学的切入点。

第二，挖掘思政元素，重构教学设计。作为语言专业教师，过去在备课，进行教学设计时，重点关注的是语言、语法知识的传授和语言技能的训练，或文化导入，不会特别考虑语法课程内容中的思政元素，而专业课的思政教育又不像思政课程那样有具体的教学资料可供参考使用。因此，要落实"课程思政"，就需结合语法课程特点、教学内容去深入挖掘其中蕴含的思政元素，寻找专业教学内容与思政教育内容的切合点，重构教学设计，让专业教学与思政教育融合得更加紧密。

对于基础语法课程教学设计的重构，可从以下三个方面进行：

（1）时间的重构。重新安排课时，设计出既可保证教学内容按计划完成，又能兼顾课程思政的教案；同时，利用课前和课间10分钟播放有思政意义的PPT或音频、视频，既可调节气氛，活跃课间，又可传播思政内容，达到润物无声、生活无处不思政的教育效果。

（2）教学内容的重构。重新梳理语法教学内容，设计出以"育德育人"和"教授语法知识，训练语言技能"为共同目标的新教案，融"育德育人"于语法教学各个环节的始终，实现价值观教学与科学知识教育的有机融合。概括地说，可以结合时政事件、文化素养、逻辑思维、道德品质、学习兴趣和方法养成等。

（3）知识结构的重构。知识结构是从单一语法知识和技能的教学，到语法、思政、文化等多元素的有机融合教学。在坚持语法内容教学为主的前提下，尽可能地融入思政、文化、道德情操、家国情怀等内容，潜移默化间引领学生向着积极、光明、奋发向上的方向前行。

（4）教学方法的重构。改变重知识传授一言堂、填鸭式的教学方法，选择适当、有效、灵活多样的教学方法，营造互动、参与式课堂，转变学生被动性的学习状态，把学习变成人的主体性、能动性、独立性不断生成、张扬、提升的过程，使学生从内在思想上改善学习态度，增强学习动力，提升学习积极性，养成自主学习、终身学习的好习惯。

通过这些重构，将语法知识学习、语言能力训练与思政教育相融合，落实习近平总书记在全国高校思想政治工作会议上强调的用好课堂教学这个主渠道，各类课程都要与思想政治理论课同向同行，形成协同效应的精神。

第三，选择合适载体，确保思政落实。要确保课程思政在语法教学中的落实和贯穿，或以思政为终点从知识技能层面上升到思想政治教育层面，主要是以语法学习对象——语言素材为载体，并选择合适的载体。这个载体要蕴含三要素：语法知识点、思政元素、学生喜闻乐见的内容和形式。将这样的语言素材在专业课上与专业知识及专业技能联结讲解，让学生在学习专业知识的同时，也受到人文思政的培育，从而保障思政内容落地有载体，实现专业课程与思政课程协同育人的功效。

第四，运用创新思维，改革教学手段和方法。课程思政的落实要求转变教育观念，运用创新思维，改革教学手段和方法，优化教学内容，丰富教学活动。一定要遵循"学生为主体，教师为主导"的原则，将以课堂讲授为主，改为课前自学为主，课上梳理重点、难点，答疑解惑，讨论练习为辅。将一本书、一支粉笔、一块黑板的传统教学手段，改为传统加现代，黑板、粉笔、教科书加PPT、投影、音视频相结合。在教学方法上，主要可采用如下方法：

讲授法，在向学生传授语法知识、阐明概念的同时，通过对语法概念的叙述、解释和推论，培养学生的学科思维。

设问法，从学生主动发展的角度出发，结合教学内容创设启发性问题，激发和维持学生的求知欲和好奇心，引发学生自主思考。"学起于思，思起于疑"，在教学中经常提出一些与学习有关、有启发性的问题，让学生去思考、去发现、去攀登，可以激发和强化学生的求知欲望，培养学生的学习兴趣和探究热情，以及质疑和独立探索的能力。

讨论法，围绕课堂教学中心主题设计一系列问题，引导学生通过小组交流与讨论，自由发表看法，并进行总结，使学生获得正确的观点和系统的语法知识，以培养学生主动参与、乐于探究的意识，交流能力及合作精神。

任务驱动法，布置明确的学习任务，要求学生通过查阅资料、团队合作、自主学习的方式完成，并在课堂上通过问答、展示进行反馈。培养学生收集、处理信息的能力，获取新知识的能力和分析、解决问题的能力。

自主学习法，教学中坚持以学生为主体，充分调动学生的主观能动性，独立完成课程内容的学习及深度理解。培养学生积极的学习态度，养成良好的学习方法，学会自主学习，具备终身学习能力。

总之，教师自身要不断学习，提高自身的专业水平、职业能力和思政素养，推动以"课程思政"为目标的教学改革和教学创新，挖掘语法专业课程中隐藏的思政教育资源，服务于语法和思政教学，让学生在提高语言专业知识和技能的学习同时，获得更多的思想感悟，培养自身的思想政治素养和高尚的品德，拥有良好的精神信仰，塑造并完善自我人格。

概括起来，语法课课程思政的路径为：加强教师的"思政"能力→重构语法课程教学设计→选择合适的教学素材为载体→改革创新教学理念、手段和方法→实现目标。

将思政内容融入语法专业教学对笔者来说还是一个新课题。对于思政的构成、思政的核心认识还不是很透彻，尚不能完全准确挖掘、把握语法课程中蕴含的思政元素，要做到自主挖掘语法课的思政元素，消化、融解、运用在语法教学课堂之中，还需要学习、提高。以上所说只是一些初步思考、探索，抛砖引玉，期待与大家共同思考和探索。

《习近平谈治国理政》多语版引入阿拉伯语专业大三精读课教学的实践探索

叶良英

摘　要：大三精读课是一门集语言运用能力、思维能力、学生综合素质培养于一体的综合性课程，也是落实"立德树人"教育理念的重要课程。在该课程的教学中通过直接融入和间接融入两种方式，引入《习近平谈治国理政》多语版的内容，使之成为文本教学升华的一部分，一方面可以提高学生的理论认识水平，逐步做到自觉运用习近平新时代中国特色社会主义思想这一创新理论武装头脑，指导今后的学习与工作实践，另一方面也有助于提高学生的语言综合运用能力，加强语言表述的思想深度，培养学生的家国情怀和国际视野，使学生具备用阿拉伯语讲好中国故事的能力。

关键词：大三精读课，课堂思政，《习近平谈治国理政》多语版

作者简介：叶良英，女，北京外国语大学阿拉伯语学院教授，主要研究方向为阿拉伯语语言学及阿拉伯语教学。

一、引言

《高等学校阿拉伯语教学大纲》（以下简称《大纲》）认为，大三的精读课需要"继续加强语言基本功，丰富语言知识，提高语言技能，培养交际能力"。"教学应贯彻精讲多练的原则，引导学生利用已有语言知识吸收掌握新的语言知识，并尽快转化为语言技能。"[①]《大纲》明确地从教学目标、教学基本原则两个方面强调了大三精读课程的综合性特点，要求我们侧重从实践性方面培养学生综合运用语言、进行跨文化交际的能力。此外，作为大三的主干课程，该课程还承担着落实"立德树人"教育理念的根本任务，帮助学生了解国内外形势，提高

---

① 高年级阿拉伯语教学大纲研订组：《高等学校阿拉伯语教学大纲》，北京大学出版社 2000 年版，第 225 页。

政治敏感度，培养学生的家国情怀和国际视野，通过积累各领域知识，加强语言表述的思想深度，最终具备用阿拉伯语讲好中国故事的能力。

《习近平谈治国理政》第一、第二卷多语版（以下简称"多语版"）内容丰富、内涵深刻、主题突出、导向鲜明，雄辩地呈现了我国最高领导人的高度，且有中、英、阿等多语译本，适合阿语专业高年级学生学习，帮助其实现思想、语言的全方位提升。

二、多语版引入精读课教学的原因分析

1. 必要性

2016年1月5日，阎光才教授在《光明日报》刊登了一篇题为《我们的教育究竟缺什么?》的文章。作者通过分析来自全国部分高校已经工作1～6年的毕业生提交的34000多份有效问卷调查结果得出，在非正式能力、专业知识运用能力、通识性能力等三者之间，供需双方最不匹配的，即高校培养明显不足的是非正式能力，其次是通识性能力，最后才是专业知识运用能力。作者认为，非正式能力严格而言，主要表现为一种为人处世的态度与素养。作者所做的另外一个调查结果显示：在关于大学期间最为受益环节的判断上，所有样本中选择"校外实习与社会活动"的比例为37%、"同学间的互动交流"为22%、"课外自学"为15.3%，而"教师指导"和"课堂教学"仅仅分别为11.7%和13.6%。① 对此，作为教育工作者的我们不禁要问：我们一向看重的课堂教学到底为学生提供了什么？它缺失了什么？学生的"非正式能力"又该如何结合课堂教学进行培养？笔者认为，阎光才教授在这里提到的学生"非正式能力"的培养与如今倡导的"立德树人""课程思政"的培养理念是一致的，外语院校的专业课程教师可以通过创新教学设计，为学生提供思想内容丰富、理论价值高的教学素材，帮助学生提高"非正式能力"，同时又启发他们发挥想象力和创造力。多语版正是与这种教、学要求相契合的绝佳学习材料。

2. 可行性

首先，多语版与大三精读课的课文在材料形式上具备一致性。大三精读课以《新编阿拉伯语》第4～6册课文为主，文本体裁多为篇幅适中的说明文、议论文、散文、小说、戏剧、诗歌和演说辞，涉及科技、旅游、体育运动、卫生健康、历史文化、能源环保、青年梦想、人格培养、社会民生、爱国爱民、名人传记等话题。文章主题突出，"具有鲜明的时代导向，注重增加培养思想道德素质、

---

① 参见阎光才：《我们的教育究竟缺什么?》，《光明日报》2016年1月5日第13版。

文化素质和心理素质的内容,加大相关社会文化知识和基本科学常识的篇幅"。①课文在内涵和主旨上具有理论的可挖掘性和背景知识的可延展性。

多语版是对国家治理经验的综合论述,主题明确,涉及面广,与教材课文具有较高的契合度。多语版收录了习近平总书记围绕18个专题所做的讲话、答问、批示、贺信等文件,内容涵盖政治、外交、经济、社会、历史、自然、教育、国际关系等多个领域,"深刻回答了新的时代条件下党和国家发展的重大理论和现实问题,集中展示了中央领导集体的治国理念和执政方略"。② 多语版所承载的内容广泛而全面,且视野开阔、情怀远大,任何一篇精读课文,都可以从中找到主题与之相对应的文本,并通过对比研读,引领阅读者在意义深处找到中阿,乃至中外思想的相通点与契合点。

另外,多语版的文本互有关联,又相对独立、各自完整,单独拿出一篇,就可以进行整体概述、理解主旨等练习。这与大三精读课的基本教学目标相一致,即注重提升学生对篇章结构、文本主旨的分析理解与整体把握。将多语版与课文相结合进行学习,有助于引导学生突破课文内容的局限,将关注点上升到国家和大局层面展开思考。

从语言教学层面看,大三精读课注重提升学生阿语表达的地道性和得体性,投入较多精力辨析词义,在语言实践中练习遣词造句,打磨翻译素养。多语版的多语种对照资源,为这种学习提供了现成的材料。学生可以在教师的指导下,通过自译节选内容,研读对照不同译本对原文本的处理方式等手段,更加准确深入地理解原文内涵、认识语言在异文化语境下的细致差别。

三、多语版引入精读课的方式

从能力目标看,多语版引入大三精读课的宗旨是提升学生的思想提炼能力、翻译能力、鉴赏能力、评判能力与思辨能力。

在教学内容建设方面,可选用直接融入与间接融入两种互为补充的方式进行教学设计。所谓直接融入,指的是教师在分析教材文本内涵的基础上,将多语版中的相关内容与教材有机结合,使学生通过自译及研读中文版、阿文版和英文版三个版本中教师确定的内容,做好两方面的功课:一是通过研读指定内容,领会习近平总书记就相关主题所做讲话、所阐述思想的内涵,并能用阿拉伯语做连贯

---

① 国少华主编:《新编阿拉伯语》第 5 册,外语教学与研究出版社 2010 年版,第 1 页。
② 《翻开〈习近平谈治国理政〉中文版》,2014 年 10 月 23 日。http://www.xinhuanet.com//politics/2014-10/23/c_1120674004.htm,2020 年 9 月 12 日读取。

口头表述；同时结合课文文本，在总结课文主旨大意的时候用多语版中的思想为指导对文本作出评论。二是通过自译教师确定的内容、对比自译译文与出版译文，对比英文、阿文译文等方式，总结、积累词汇及一些独具中国特色的表达，了解常用翻译手法，理解翻译的文体适应性，关注阿拉伯语的话语层次构建方式，体会阿汉两种语言在语序、句法结构等方面的异同，同时鼓励学生尝试对照英文版修改阿文译文，提高学生的阿语批评鉴赏能力、翻译水平，充分调动学生的语言运用积极性。间接融入指的是教师在领会多语版内容和思想的基础上，把多语版中与课文内容相关的主题所体现的思想和精髓带入课堂讲解和讨论中，并与课堂内容有机融合，使之成为课堂内容延伸与拓展的一部分，成为文本教学升华的一部分，用润物细无声的方式加深学生对中国和外国的了解，使学生通过学习，一方面提高理论认识水平，能逐步做到自觉运用习近平新时代中国特色社会主义思想这一创新理论武装头脑，指导今后的学习与工作实践，另一方面也通过所开展的教学活动，不断提高语言综合运用能力，加强语言表述的思想深度，培养学生的家国情怀和国际视野，使学生具备用阿拉伯语讲好中国故事的能力。

　　在教学手段方面，可将精读课的文本与多语版的篇章相结合，采用讲解为辅、自学为主的方式，用小组交流、对照理解、文本概述、口头表达等形式丰富对多语版的学习过程。如教师可交替使用下列四种方式指导学生完成学习任务：①学生自主学习与教师指导学习相结合。多语版融入过程中强调学生在预习、课上参与活动、课后复习、拓展训练方面充分发挥主观能动性，教师则负责选材，设计具体任务，发挥启发、引导、组织调动、答疑、评判的作用，并做一定解析、辅导工作。②课堂教学活动与课外拓展训练相结合。多语版融入除了在课堂上组织的讨论等教学活动外，还为学生在课外设计拓展训练，如提供阅读、翻译材料，要求学生用所读多语版中的思想，结合课文内容做评论等。③个体单独训练与集体互动训练相结合。多语版融入通过研读原文和译文，口头总结原文思想，结合课文口头总结、评论课文内容等手段，实现对学生的个体训练，同时要求学生以分组的形式总结词汇和特色表达，在课堂上组织集体讨论等教学活动来实现师生之间、学生之间的集体互动训练，形成互相启发、互相促进的团队意识与互助行动。④语言技能训练与思维训练相结合。多语版融入注重学生语言技能的提高，如词汇和特色表达的总结，翻译方法和技巧的点拨，同时也注重对学生思维的训练。学生通过参与课堂讨论，对比英、阿译本，总结原文思想，结合课文内容，运用多语版中的思想进行概述总结等方式，变单一的语言学习为多领域、多元素学习，提高思维能力。

　　例如，把课文《我的亲人死了》与多语版中的篇目《不断提高运用中国特色社会主义制度有效治理国家的能力》结合学习，有助于增进学习者对历史事件和时代议题的了解，实现更好的学习效果。

《我的亲人死了》是《新编阿拉伯语》第5册第7课的课文，是散文大家纪伯伦的一首散文诗，其背景是第一次世界大战期间黎巴嫩由于自然和人为双重原因遭遇严重饥荒，致使无数人死于饥饿。散文诗以高超的文学技巧和丰沛深沉的情绪，抒发了纪伯伦对于祖国和同胞深沉的关切与炽烈的热爱，以及面对重洋之外的祖国所处的水深火热而在内心产生的痛苦和不安。文章富于感染力，使读者对人类文明的灾难留下深刻印象，同时激发读者对于人民安居乐业的和乐家园的追索与向往，深切体会国内国际安定环境对于国家发展的重要性，以及民族团结、国民同心抵御外敌、战胜灾难的必要性。

与之搭配学习的篇目是《不断提高运用中国特色社会主义制度有效治理国家的能力》。这是"全面深化改革"主题下的结语篇，也是多语版全书的点题篇之一，详细论述了"国家治理"这一具有中国特色与优势的重要概念。其核心观点是，通过改革提升国家治理能力是符合现代化和人民福祉的时代使命。它提出了一个国家与人民良性互动的理想化目标及其实现路径。

纪伯伦的这篇散文诗和《治国理政》的这篇论述，一个描绘了政府失败、社会失序的悲惨景象，一个勾勒了政府有效、治理有序的社会蓝图，在学习本课时恰处于国内新冠肺炎疫情形势仍严峻残酷而全社会全力以赴的阶段，这些内容相互照应，极大地触动了学生的思维与情感，一方面加深了对百年前黎巴嫩人民所遭受苦难的感受与认识，实现了对课文内容、主旨及其表达方式的良好学习效果，另一方面增强了学生投入当今时代潮流建设国家、服务人民的信念与热情，在实现智育目标的同时也实现了德育目标。

四、多语版引入课堂的意义

精读课是大三学生课时最多的一门课程，有意识地在进行语言综合训练的同时，把习近平新时代中国特色社会主义思想的深刻内涵与教学内容相结合，在例句、篇章、所讨论话题的选择方面，以及其他教学活动的设计中，融入多语版中的相关内容，符合《教学大纲》所设定的贯彻"寓人的教育于语言教学的全过程"[①]的教学原则。

将多语版内容引入课程教学，充分体现了将树人、育人贯彻到高校课堂教学全过程、全方位、全员之中，构筑育人大格局的理念，在完成课程原教学目标的

[①] 高年级阿拉伯语教学大纲研订组：《高等学校阿拉伯语教学大纲》，北京大学出版社2000年版，第221页。

基础上使学生牢固树立社会主义核心价值观，引导学生将所学到的知识和技能转化为内在德性与素养，注重将学生个人发展与社会发展、国家发展结合起来，对学生的成长、成才具有重要意义。

大三的学生，已具备一定的听、说、读、写、译基本技能，同时也面临语言能力和思辨能力全面提升的挑战。实践多语版进课程教学的过程同时也是为学生输入思想性强的语言材料的过程，是提升学生翻译能力、鉴赏能力、评判能力、思辨能力的过程。我们的学生毕业后走出校门，大多从事涉外工作，如何讲中国故事、讲好中国故事，是这一代学生肩负的历史使命。对新的时代条件下党和国家发展的重大理论和现实问题、对中央领导集体的治国理念和执政方略没有深入理解，学生就难以承担该历史使命，我们的教育也会因此而有缺憾。多语版与课文结合学习的内容中有关外交外事、对外交往等方面的内容，有助于学生加深对中阿关系、"一带一路"倡议、周边外交、人类命运共同体等国策的深刻和全面理解，有利于学生将相关理论知识应用于今后的涉外工作实践。

五、结语

多语版与大三精读课契合度高，融合学习的可行性强，效果好。多语版的融入可以为原教材文本注入新的活力与时代感，加深学生对党和国家的大政方针、重要理论观点的宏观认识，有利于学生在今后的工作、学习和对外交往中把握正确立场，妥善回应相关问题，并逐步将有关理论思想内化于心，外化于行，指导自身的学习和工作。多语版的融入也有助于丰富阿语专业的思政教学实践，激发学生自主学习、思考、表达的主观能动性，优化学习效果，使学生在提高理论认识、积累词汇表达、提升翻译能力、思辨能力等方面均有所受益。

阿拉伯语专业课程思政建设的几点思考

陆映波

摘要：思政内容的设计需要追求思想性与艺术性的融合，本文对"思政教育的内涵与外延""思政教育的量与度"和"思政内容与教学核心内容结合的逻辑关系"等话题进行了相应的思考，并提出了处理这些辩证关系的方法和思路。

关键词：阿拉伯语专业，课程思政

作者简介：陆映波，博士，副教授，北京语言大学中东学院阿拉伯语系主任，研究方向：阿拉伯语语言学、翻译学。

思政内容进课堂是一件值得精雕细琢的工作。课程设计被很多人看作一门艺术，那么，就像所有艺术创作一样，对于思政内容的设计也要追求思想性与艺术性的融合。

我们在进行教学设计时应如何处理思想性、政治性与课程本身的功能性呢？我认为，对于外语课程而言，尤其是语言技能课程而言，应以功能性为主、思政性为辅。换句话讲，该讲的讲透了，讲好了，这是基础，思政内容为锦上添花，能够博得满堂彩；该讲的没讲透，没讲好，你作为老师的权威就会受到动摇，你讲思政内容也难以取得预期的效果。教育部提出思政进课堂，也是考虑到教师在学生心中所具有的特殊地位和威信。同样一句话，教师站在讲台上说出就比其他人在其他场合说出具有更高的可信度和说服力，这一信息传达的优势源自讲台固有的神圣性和教师自身所具有的威信。因此，我们在进行思政教育之前，首先要做的，是维护好讲台的神圣性和教师自身的威信，把我们最该讲的东西讲好。

一、思政教育的内涵与外延

思想政治教育是指"社会和社会群体用一定的思想观念、政治观点和道德规范，对社会成员进行有目的、有组织和有计划的影响，使他们形成一定社会所要求的思想品德的社会实践活动"。从这一定义我们可以认识到，思政教育的内容是思想观念、政治观点和道德规范，思政教育的目的是通过教师的行为影响学生的行为。为达至这一目的，我们认为，思政应为广义的思政，传递正能量即为思政，在材料筛选过程中思政内容不一定是政治口号、时髦的政治标语，不一定是领导人的言论，普通人的言论也是可以的，只要它劝人向善，倡导宽容，和平处事，爱人如己，都可以宣扬。鼓励诚实待人的是思政，倡导敬老爱亲的也是思政；弘扬宽容大度的是思政，激励不屈不挠的也是思政。

思政教育所设定的内容越窄，越不容易将内容合理地、不露声色地嵌入到制定的教学内容中去。但如果我们将思政的内容加以拓展，我们会发现，其实我们课本中原本有很多材料都可以被当作思政教育绝好的材料。

阿拉伯语精读课本《新编阿拉伯语》有一部分是"格言谚语"(الحكم والأمثال، فرائد الأدب العربي)，很多都是思政教育绝好的素材和载体，大有文章可做。比如，第3册第2课中出现的谚语：

ليست قيمة الإنسان بما يبلغ إليه، بل بما يتوق للبلوغ إليه.

人的价值不在于他的成就，而在于他的追求。

这就是在培养学生的价值观，可以让学生用阿语谈一谈成就与对理想的追求哪个更重要。

再如，第4课中出现的谚语：

لا تؤخر عمل اليوم الى الغد.

今日事，今日毕。

عش كل يوم كما لو كنت تعيش آخِرَ يوم.

把每一天当作你的最后一天去过。

这些谚语所传达的精神与习近平总书记发表新年贺词提出的"只争朝夕，不负韶华"不谋而合，二者可以在教学过程中相互借鉴，相得益彰。

二、思政教育的量与度

思政教育过程中，对"量"和"度"的把握非常重要，我们要让好心干好事，好事有好报。将思政教育融入课堂，初衷一定是好的，但我们要尊重教育规律、尊重教学内容、尊重学生的智商。应该通过一种春风拂面、润物无声的方式来进行，而不能采取暴风骤雨式的激进过程。

我们在与思政建设同行交流的过程中得知，有一个语种的老师曾经把泛读和翻译课中 90% 的材料换为政治文献和领导人讲话，让思政教育充斥着教学过程的每一个细节。这种操作，虽然思政教育的总量和时长相当可观，但效果却不理想，原因就是操作过程太过刻意，这有可能使学生对我们要说的话产生抵触和反感的情绪。

一件工作是好是坏从来不会以行为者的初衷去评价，哈耶克曾说过："通向地狱的道路通常是由善意铺就的。"我们的工作价值一定要以其客观影响去考量。就像是一句正确的话，你本来是好意，但你却反复地说，好像是父母的唠叨一样，往往会适得其反。比如，你劝别人说出门要戴口罩啊，本来这样就可以了，但你不放心，强迫症犯了，又要循环模式播放 100 遍，你能不能想象听者的感受呢？他听完后一定是崩溃的，戴不戴口罩对他而言已经不重要了，他只想迅速地摆脱你。

三、思政内容与教学核心内容结合的逻辑关系

思政内容与教学核心内容结合的逻辑关系越强，效果就会越好。并不是所有课程都能够加思政内容，也并不是所有课程都需要加思政内容。如果思政教育内容的添加以课程基本内容为代价，或者思政内容无法促进语言点、文化点的教授，无法推进语言训练的话，那么，思政教育就显得有些画蛇添足了，使得本来紧凑、完整的语言课变得有些"水"了，那一定是得不偿失的。

比如一年级语音阶段，老师就应该将课上所有的有效时间用在示范、带读和纠音上，任何其他的内容都不应该出现。如果你利用这个讲台谈及教学环节之外的内容，课程质量就势必会受到影响，你展现的将是一个不尽职、甚至不敬业的老师形象。这样的老师去讲授思政的内容又有什么意义呢？

正因为此，我们认为精读课程中的"格言谚语"环节是绝好的思政材料，它给我们在课堂上搭建了很多的台阶，让我们可以顺势把设计好的思想内容结合进来。这些格言谚语与思政内容具有极其紧密的逻辑关系，让思政内容在课堂上一点儿也不显得突兀。

我们在摸索的过程中，还曾在使用《新编阿拉伯语》课本第 3 册时，引入讨论环节。教学过程尝试很多主题，比如上完《سلاح ذو حدين》，我们讨论过生活中无处不在的矛盾性；上完《نجاح》我们讨论过学生们心中成功的含义；上完《الحرية الفردية》我们讨论过"自由"在当今的时代意味着什么。这种训练模式

既训练了生词，又培养批判和思辨的能力，同时还进行了思政教育。思政教育对人的影响是最深的，但在课堂上却应当表现得不留痕迹，如此轻描淡写，却隐藏着教师最深的心机。

我常常在想，在我们专业授课的过程中思政教育像什么？它放任不得又强求不可，就像青春期的暗恋，你心里想着她、梦里念着她，可还要装作看不见她，每次遇见最好是偶遇，是邂逅，那才是最好的效果。

阿拉伯语专业课程思政新路径*
——《习近平谈治国理政》"三进"实践研究

吴昊

摘　要：《习近平谈治国理政》进教材、进课堂、进头脑，可以实现高校阿拉伯语专业"课程"与"思政"的无缝对接，实现学生翻译技能与政治素养的同步提升。四川外国语大学阿拉伯语专业以翻译课程内容嵌入、新开课程、组建实验班等方式进行《习近平谈治国理政》"三进"实践，其教学改革成效证明《习近平谈治国理政》"三进"是阿拉伯语专业全面推进课程思政的新路径，是全面提高人才培养质量的战略举措。

关键词：课程思政，习近平谈治国理政，"三进"，阿拉伯语

作者简介：吴昊，女，博士，四川外国语大学教授，硕士生导师。

为深入贯彻和落实习近平总书记关于教育的重要论述和全国教育大会精神的重要举措，教育部印发《高等学校课程思政建设指导纲要》（以下简称《纲要》），全面推进高校课程思政建设。课程思政指以构建全员、全程、全课程育人格局的形式将各类课程与思想政治理论课同向同行，形成协同效应，把"立德树人"作为教育的根本任务的一种综合教育理念。

《纲要》中强调要结合学科专业特点分类推进课程思政建设。根据高校阿拉伯语专业特点和育人要求，《习近平谈治国理政》进教材、进课堂、进头脑（简称"三进"），是实现课程思政全程融入课堂教学建设的有效路径。

一、《习近平谈治国理政》阿译本

《习近平谈治国理政》第一、第二卷共收入2012—2017年间习近平总书记的讲话、谈话、演讲、答问、批示、贺信等178篇，集中反映了习近平新时代中国

---

* 本文系重庆市教育科学规划课题"高校'课程思政'新路径：《习近平谈治国理政》'三进'实践研究"（2020 – GX – 124）阶段性成果。

特色社会主义思想的发展脉络和主要内容，充分体现了中国共产党为推动构建人类命运共同体、促进人类和平与发展崇高事业贡献的中国智慧。《习近平谈治国理政》两卷阿译本发行覆盖阿拉伯世界22个国家，从政要、学者到普通民众，在阿拉伯各国"圈粉"无数，成为一部"现象级"著作，为阿拉伯世界开启了一扇观察和感知中国的清晰而深刻的窗口。

阿拉伯世界普遍认为《习近平谈治国理政》为阿拉伯人民深入了解当代中国提供了重要机遇。阿联酋阿布扎比王储穆罕默德说："习主席的执政理念，不仅是为本国人民谋幸福，而且要为世界人民谋利益，这应该成为各国领导人执政的指南和标杆。"阿联酋《联邦报》发文建议阿拉伯国家政治精英认真研读《习近平谈治国理政》，学习中国独特的发展经验。埃及中高层政府官员非常重视《习近平谈治国理政》，视之为治国理政的案头册，相关部门负责人在考虑学习中国经验时，往往都会阅读阿文版的《习近平谈治国理政》。埃及艾因夏姆斯大学已将"《习近平谈治国理政》导读"作为课程在中文系开设。从这个意义上讲，国内阿拉伯语专业《习近平谈治国理政》进课程已落后于阿拉伯国家中文系的步伐。

二、《习近平谈治国理政》"三进"的意义

阿拉伯国家是共建"一带一路"倡议的天然合作伙伴，"一带一路"沿线国家有五分之一是阿拉伯国家，三分之一是伊斯兰国家。阿拉伯语作为中国最古老的外语语种、联合国六大工作语言之一、"一带一路"倡议战略性语种，在高校阿拉伯语专业进行《习近平谈治国理政》"三进"实践是具有时代性、创新性和紧迫性的教学改革研究。

第一，实现外语学科"课程"与"思政"无缝对接。"课程思政"有"课程"和"思政"两头。《习近平谈治国理政》不仅是关于中国的治国理政，它还代表了一整套可以用于建立持久秩序的思想体系。《习近平谈治国理政》阿译本是连接高校阿拉伯语专业"课程"和"思政"的桥梁，其集中反映了习近平新时代中国特色社会主义思想的发展脉络和主要内容，符合"思政"要求；同时，其本身是不可多得的经典的翻译教材，符合外语类课程专业性的要求。以《习近平谈治国理政》为载体，可以实现阿拉伯语专业课程思政与专业教学的无缝对接。

第二，实现学生外语技能与政治素养的提升。《习近平谈治国理政》"三进"可以实现提升政治素养和提高专业技能的有机统一。《习近平谈治国理政》阿译本的翻译原汁原味，充分体现了习近平总书记的语言风格，以融通中外的话语方

式翻译中国特色的词句，灵活运用直译、意译等多种翻译技巧，既尊重阿拉伯国家语言习惯，也注重表达文字背后的情感内涵。《习近平谈治国理政》"三进"实践可以有效提升阿拉伯语专业学生的翻译技能。

《习近平谈治国理政》集中反映了习近平新时代中国特色社会主义思想的发展脉络和主要内容，充分体现了中国共产党为推动构建人类命运共同体、促进人类和平与发展崇高事业贡献的中国智慧和中国方案。《习近平谈治国理政》"三进"实践在提升学生外语技能的过程中，可以让其深入理解掌握习近平新时代中国特色社会主义思想，牢固树立科学的世界观、人生观和价值观，弘扬和践行社会主义核心价值观，提升自觉运用马克思主义立场观点方法分析解决实际问题的能力，增强学生对党的创新理论的政治认同、思想认同、情感认同、行为认同，坚定"四个自信"，使科学理论真正入脑入心，从而为培养社会主义事业合格建设者和可靠接班人奠定坚实思想基础。

第三，为提升中国的世界话语权培养专业人才。中国的国际地位越来越高，影响力也越来越大，但在世界上的话语权依然不够。高校阿拉伯语专业学生是中阿跨文化交流的使者，肩负着在阿拉伯世界传递好中国声音、讲好中国故事的重任。《习近平谈治国理政》"三进"实践，可以让学生掌握如何用阿拉伯语正确阐述习近平总书记对地区和国际事务的主张和理念，准确表达中国与世界"共商共建共享"的美好愿望和心声，有效传递中国悠久文化和东方智慧之光；可以培养学生用阿拉伯语讲好中国故事和阐释好中国特色的能力，增强其文化自信、文化自觉和跨文化交流的能力。待学生走上工作舞台，将有助于让阿拉伯世界人民更加全面地了解中国、更加客观地看待中国、更加理性地读懂中国，从而提升中国在世界上的话语权，助推"一带一路"建设和人类命运共同体的构建。

三、《习近平谈治国理政》"三进"实践内容

《习近平谈治国理政》"三进"实践以阿译本为载体，以进教材为前提，以进课堂为阵地，以进头脑为目标进行教学改革实践。

第一，进教材。《习近平谈治国理政》阿译本属于"大部头"译作，并不适合直接拿来做本科生和研究生教材。要研究如何在全面涵盖习近平新时代中国特色社会主义思想内容的同时，兼顾学生实际水平，选择适合的内容，对中国元素进行凸显和阐释，对翻译技巧进行讲解和训练，从而打造兼具时代性和实用性的教材。

第二，进课堂。《习近平谈治国理政》进课堂是要在本科生、研究生阶段的翻译类课程中嵌入《习近平谈治国理政》的内容，同时增开该书的笔译、口译、

翻译鉴赏等专题课程。

第三，进头脑。让学生通过学习《习近平谈治国理政》阿译本，更加深刻地理解习近平总书记讲话精髓，听党话、跟党走，掌握如何用阿拉伯语准确传神地把中国特色的价值理念、执政方略、历史文化等内容鲜活有效地介绍给阿拉伯世界，用"接地气"的方式传递好中国声音。

四、《习近平谈治国理政》"三进"实践试点

四川外国语大学阿拉伯语专业自 2019—2020 学年第二学期开始进行《习近平谈治国理政》"三进"实践。本科生阶段，在翻译类课程（阿拉伯语翻译理论与实践、阿拉伯语口译）的授课内容中嵌入三分之一《习近平谈治国理政》相关内容，并组建"三进"实验班。实验班由大三学生自愿报名组建，专门开设《习近平谈治国理政》口译、笔译、翻译鉴赏课程，学生可用实验班开设的课程学分抵扣专业选修课学分。研究生阶段，开设"《习近平谈治国理政》高级翻译实务"课程，并列为培养方案的必修课程。

课堂教学以《习近平谈治国理政》第一、第二卷为素材，选择三个主题的内容进行教学。第一是"中国特色社会主义"主题，该主题作为核心，集中体现习近平新时代中国特色社会主义思想，选择《人民对美好生活的向往，就是我们的奋斗目标》《毫不动摇坚持和发展中国特色社会主义》《促进社会公平正义，保障人民安居乐业》等文章；第二是"青年"主题，该主题主要突出学习主体的特点和责任，选择《在实现中国梦的生动实践中放飞青春梦想》《创新正当其时，圆梦适得其势》《青年要自觉践行社会主义核心价值观》等文章；第三是"中阿关系"主题，该主题主要针对学生作为中阿文化交流使者的使命而设计，选择《文明因交流而多彩，文明因互鉴而丰富》《弘扬丝路精神，深化中阿合作》等文章。

通过一个学期《习近平谈治国理政》"进教材、进课堂、进头脑"的教学改革实践研究，学生在增强翻译能力的过程中，深入学习、领悟习近平新时代中国特色社会主义思想，其政治素养和专业技能均有提升。

专业课程是人才培养的主渠道，对学生成长具有基础性和系统性作用。将习近平新时代中国特色社会主义思想融入课程建设全过程，大力推进课程思政教育改革，是新时代对阿拉伯语专业提出的要求。《习近平谈治国理政》进教材、进课堂、进头脑，是高校外语阿拉伯语专业全面推进课程思政的新路径，是全面提高人才培养质量的战略举措。

阿拉伯语专业口译课程思政路径探索

劳凌玲

摘要：习近平总书记在全国高校思想政治工作会议上明确提出要把思想政治工作贯穿教育教学的全过程，各高校应推动"思政课程"向"课程思政"转变。《阿拉伯语口译》是阿拉伯语专业必修课之一，其课堂教学具有知识性和意识形态性的突出特点，是"课程思政"教育教学改革的重要组成部分。本文以阿拉伯语口译为研究对象，以课程思政和价值引领为切入点，从课程思政的必要性、目标、内容和组织策略等方面探索阿拉伯语口译课程思政化的具体措施。

关键词：课程思政，阿拉伯语口译，路径探索

作者简介：劳凌玲，广东外语外贸大学阿拉伯语系副教授，主要研究方向为阿拉伯国别区域研究。

一、引言

高校思想政治教育担负着培养中国特色社会主义合格建设者和接班人的重大使命，充分发挥课堂教学的育人主要渠道作用，是提高思想政治教育效果的重要举措。2016年12月，习近平总书记在全国高校思想政治工作会议上的重要讲话中指出，"要用好课堂教学这个主渠道，思想政治理论课要坚持在改进中加强，提升思想政治教育亲和力和针对性，满足学生成长发展需求和期待。其他各门课都要守好一段渠、种好责任田，使各类课程与思想政治理论课同向同行，形成协同效应"。① 阿拉伯语口译教学因自身的学科特点，思政教育的重要性尤为突出。如何阿拉伯语口译教学中引入"课程思政"的教学模式，是任课教师面对的新挑战。如何在全面落实全国高校思想政治工作会议精神，将习近平总书记提出的"把思想政治工作贯穿教育教学全过程，实现全程育人"在阿拉伯语口译教学中

---

① 《习近平：把思想政治工作贯穿教育教学全过程》，http：//www.xinhuanet.com//politics/2016-12/08/c_1120082577.htm。

得到充分具体体现，在教学实践中不断探索阿拉伯语口译课程思政化可操作的具体措施，使教学过程和思想政治教育有机融合，在传授理论知识的同时，实现思想教育引领的目标，是一个值得深入研究的课题。

二、阿拉伯语专业口译课程思政化的必要性

首先，在国家层面，习近平总书记在十九大报告中强调，要全面贯彻党的教育方针，落实立德树人根本任务。"立德"是"树人"的前提和基础，"树人"是"立德"的目的与归宿。此外，教育部2018年印发《关于加快建设高水平本科教育全面提高人才培养能力的意见》，明确要求"把思想政治教育贯穿高水平本科教育全过程""强化课程思政和专业思政"，强化每位教师的"立德树人"意识，把思想政治教育有机融入课程中。因此，需要深入发掘阿拉伯语口译课程的思想政治理论教育资源，从战略高度构建思想政治理论课和专业教育课体系，促进阿拉伯语口译课程与思想政治理论课同向同行、协同育人，把马克思主义的立场、观点、方法和德育融入口译课程中。

其次，在学校层面，自2014年起，上海市在教育部指导下，率先开展课程思政试点工作。全国高校思想政治工作会议召开以来，上海市加快推进由"思政课程"走向"课程思政"的教育教学改革，让所有课都上出"思政味"，所有任课教师都挑起"思政担"，探索构建全员、全课程的大思政教育体系，取得了显著成效。近几年来，广东外语外贸大学坚持把立德树人作为中心环节，实现全程育人、全方位育人，着力解决培养什么人、如何培养人、为谁培养人这一根本性问题，努力把学生培养成"双高"（思想素质高、专业水平高）、"两强"（跨文化交际能力强、实践创新能力强），具有国际视野，通晓国际规则，能直接参与国际合作与竞争、有社会责任感的国际化人才。广东外语外贸大学从2017年秋季开始，便实施二级学院院长、书记共为本科生和研究生讲授思想政治理论课的举措，同时明确了思政课与专业课相结合的育人方式，培养学生成长成才，落实全国、全省高校思想政治工作会议精神。

最后，在教师和学生层面，以前的口译课更多时候只是一门"纯语言技能训练课"，任课老师对课程思政进课堂缺乏足够的认识，并没有用心挖掘教学内容中的思政元素，没有思考怎样将口译课与思政教育相结合。而南方的学生则由于地理位置等原因，大都对于国内外时事和国家政策缺乏敏锐度，相比之下，他们更多关注的是可以如何获得实习和就业机会。一直以来，思想政治教育课程是全校各个专业的必修课，是学校实现全面育人计划的重要途径，其中，马克思主义理论和思想政治课程是大学思想政治教育的主要开展方式。但是，大多数时候却

是"落花有意流水无情"，当前环境下的大学生政治思想教育工作，单单靠传统的思想政治教育课程已经难以胜任。因此，我们需要通过"课程思政"的创新教育方式，将思想政治教育融合到专业课程中，实现全方位、立体式的思想政治教育。阿拉伯语口译是阿拉伯语专业三、四年级的必修课，课时多，时间跨度大，任课老师可以采取"浸润式"教学方法，以口译作为重要载体，将思想政治教育渗透于教学各环节，向学生传播正确的政治理念、价值观念和意识形态，在润物细无声中实现"立德树人"的教育目的。

三、阿拉伯语专业口译课程思政目标

第一，知识传授与价值引领相结合。大学教育，不仅要授予青年学生以知识，还要予以青年学生正确的思政教育和引领，德育教学融入专业课应成为每位专业课老师的共识。在广东外语外贸大学，除了思政课教师，专业课老师也都有着强烈的"教书与育人、立德与树人融为一体"的责任意识。我们在教授口译技巧、开展口译实践的同时，要引导学生正确认识世界和中国发展大势，认识中国特色并作国际比较，担当时代责任和历史使命，既怀远大抱负又脚踏实地，树立社会主义核心价值观，引导学生在口译实践中自觉维护国家尊严和民族尊严。阿拉伯语口译课程作为阿拉伯语专业的一门核心课程，教学内容包含丰富的思想观念、人文精神、道德规范，教师要充分利用这些思想进行价值引领，使其与思政课程同向同行，更好地为中国共产党治国理政服务、为巩固和发展中国特色社会主义服务、为改革开放和社会主义现代化建设服务。

第二，营造平等信任的师生关系。"师者，传道授业解惑也。"自古以来，教师一直肩负着育人的光荣使命，"传道"为先为主，与"授业、解惑"结合，达到教书育人的最终目的。在我看来，师生关系更多的是一种情感关系，师生之间平等信任的状态所营造的和谐、愉悦的教育氛围必然会对课程的思政教育产生良好的效果。要重视培养学生自主学习的能动性、良好的职业道德和人际沟通能力，同时，注重培养学生的团队合作精神和良好的心理素质。教学案例必须要紧跟时代，知识新、案例新、方法新才能吸引学生，教师须紧密围绕当前时政热点，展开话题讨论及相关口译实践，培养学生的家国情怀，丰富拓展他们的视野，使他们在跨文化学习中提高政治敏感度和批判能力。

四、阿拉伯语口译课程思政内容的组织

第一，培养时政敏锐力。教师要善于利用丰富的媒体资源，根据不同的训练

主题挖掘思政元素，自主开发教学素材，有意选取与国家大政方针以及国内外时事热点相关的材料，不断提高学生对时事的敏锐力和对政治的认知度。可以选取全国人大会议期间国家领导人的讲话视频、记者招待会以及人大代表关于国家机构改革访谈视频等作为口译素材。

第二，增强文化自信。文化自信即是对本民族文化的自信心。新时期对大学生提出了新要求，要求他们对中华文化有清晰的认识，高度认同并积极传承和弘扬优秀中华传统文化和先进文化。比如课上介绍埃及惠风节时，教师向学生提出"中国的传统节日有哪些？该怎样用阿语介绍其来历？"等启发式问题，并由此进行一次以"中华传统节日"为主题的专题训练，一方面实现了学生在口译课堂上进行目的语的文化输入，另一方面也完成了对中国文化的输出。在选择中国传统文化教学素材时，我们可以先从学生熟悉的专题开始。比如，关于岭南的饮食文化，教师可以设置课前小组任务，以小组为单位收集相关素材，介绍岭南的饮食特色或者推介一种特色菜肴，课堂进行分组展示，然后教师再根据展示内容进行补充和拓展。

第三，塑造家国情怀。2020年的疫情防控战为全国大学生进行了一场鲜活、深刻的爱国主义教育，也激发广大教师为开展思政教育、深化学生的爱国主义精神开创新的教学路径。中国抗击疫情的新闻是绝佳的阿拉伯语口译思政素材，新闻中所体现的专家和医护人员奔赴一线抗疫的高尚职业道德、各行各业人员坚守岗位的社会责任感，对任何人都是一种鼓舞和激励。老师也可以通过自己或者身边人参与抗疫的事迹培养学生的社会责任感，增强民族荣誉感。例如，广东外语外贸大学阿拉伯语系的老师们全体参与抗疫工作的事迹就是一个很好的素材，熟悉的人物事迹往往更能让学生备受鼓舞。此外，教师利用新闻素材，从语篇分析、语体和语用学等角度对媒体中出现的官方语言和话语体系进行解析，深挖主题思想，将正确的价值观内涵传授给学生。通过润物细无声的教学方式，学生不仅掌握了语言，也学会了从理性层面了解社会主义核心价值观的内涵，增强民族荣誉感，培养社会责任感；同时跟踪对象国官方媒体对中国抗击疫情的报道与态度，引导学生明辨是非，从多个角度审视问题，建立对世界、国家和社会的理性认识，增强对国家的情感认同。

五、阿拉伯语口译课程思政的实施策略

第一，任务驱动，学生主体。教师提前设定专题或者创设情境导入学习任务，学生通过任务驱动事先熟悉教学内容，完成实践性技能的操练，充分调动学生自主学习的积极性和发挥学生的主体地位。比如，教师选取领导人讲话、政府

工作报告、时事、社会热点等相关内容让学生进行口译练习，将口译与国家的政策方针和时事热点结合起来，培养口译译员应具有的礼仪和修养。以我校阿拉伯语系口译课程为例，一个学期的口译课为32个课时，每6个课时就进行一次专题口译训练。以社会热点新闻口译专题为例，首先教师选好合适的素材，或者让学生在网上搜索和下载相关的音频和视频，教师再来选择适合的材料，事先准备单词提示，做好热身准备，然后正式播放中文或阿文的音视频，让每位学生进行口译。每位学生的口译内容可以进行录音，学生口译完成后可以回放，学生之间可以互听和点评各自的口译内容。这样，学生们可以通过听自己和其他同学的口译音频，发现自己的不足，然后再由教师来做最终点评。

第二，开展第二课堂。"纸上得来终觉浅，绝知此事要躬行。"积极开展第二课堂，拓展口译课程思政的维度。广东外语外贸大学阿拉伯语系已经与黄埔军校纪念馆、孙中山纪念馆等单位开展合作，加大口译"实践化"力度，模拟旅游、接待、访问等场景让学生进行会话模拟口译，培养学生传播中国以及岭南文化的自信心和使命感。同时，应充分发挥学生的主观能动性，发挥自身的语言优势，在阿拉伯人集中的小北社区开展形式多样的志愿者服务。由此，学生们在获得了语言实践的机会的同时，也了解了各种社会面貌，同时也培养了学生团队合作和志愿服务的精神。这样既有利于加强师生交流、拓宽学生视野，又有利于增强学生的自主学习能力。

六、结语

课程思政不是做加法，是课程本来就有的部分。通过我校"阿拉伯语口译"课程思政的教学实践，我们发现，大多数学生在完成口译任务时展现出了民族自豪感和文化自信，坚定了新时代大学生的使命。阿拉伯语专业口译课程思政建设尚处于起步阶段，仍需不断探索和改革。围绕立德树人这一根本任务，将思政教育与价值引领融入阿拉伯语口译课程，把育人要求落小、落细，落实在每一堂课、每一个教学环节中。

学科素养视角下阿拉伯语专业思政"课程群"建设的思考

刘 彬

摘要：包括阿拉伯语在内的外语学科素养应包括"文化品格""思维品质""学习品德"等方面内容。以上述学科素养标准为抓手，结合阿语课程内容特点以及课程体系特征，打造基于学科素养进行分类的阿语专业思政教学"课程群"，根据每个课程群的不同特点在思政教学内容侧重点和教学方法等方面进行有针对性的全方位设计，使得专业思政教学成为一项系统、科学、自觉的教学育人行为。

关键词：专业思政，学科素养，课程群

作者简介：刘彬，博士，副教授，浙江外国语学院东语学院阿拉伯语系教师。

我国高等教育已经全面进入课程思政的时代，这就意味着高等教育专业课教学从我们之前那种有意识但尚未形成系统性工作的育人状态，进入有组织、有规划、有系统的课程思政的阶段。

浙江外国语学院在2019年进行了第一批专业思政项目立项工作，阿语专业是全校4个立项项目中唯一的语言类专业，我们阿语专业也以正式教学项目形式开启专业思政建设工作。但是，在真正建设过程中，我们遇到了不少问题和困惑。以下是结合实际经历进行的一些思考。

第一，全员思政的问题。我们高校的课程思政提出了"全员、全课程、全过程"的概念，在探讨这个概念的时候，有老师就提出了一些问题。比如说"全员"，那么我们有两个外教，一个是埃及人，一个是叙利亚人。全员意味着包括我们的外教老师，因为他们也承担着我们的专业课程，他们如何进行课程思政教学呢？这就涉及专业思政或者说"课程思政"跟"思政课程"关系的理解问题。

关于"课程思政"与"思政课程"的关系问题，基于相关材料的学习，是否可以这样理解："课程思政"的"思政"主要则侧重于思想价值引领方面，强调在各类各门课程中增强政治意识和加强思想价值引领；而思政课程的"思政"

侧重于思想政治理论方面，主要进行系统的思想政治理论教育。把握"课程思政"的"思政"与思政课程的"思政"的不同，有助于把握和区分专业课的"思政"与思想政治理论课的"思政"。由于"课程思政"是一种课程观和教育理念，要贯彻到各门课程之中，所以不能将"课程思政"等同于"思政课程"。在贯彻"课程思政"课程观的改革实践中，应避免专业课"思政化"和思想政治理论课"通识化"的倾向。因此，专业思政教学应当秉持一种"大思政"的概念，是个人综合、全面的人文素养的培育和思想价值的引导和提升。这也就是外籍教师可以而且能够进行课程思政教学以及在哪些方面进行课程思政教学的问题。

第二，全课程的问题。以外语专业为例，一些较少涉及教学文本的课程，比如说语音课，如何进行课程思政的教学？全过程应该如何理解？此外，从培养方案的制订到教学大纲的确定再到每节课的课程设计也是需要认真思考的一个问题。

第三，如何加强教师的课程思政水平。因为在课程思政实施环节中，教师作为知识传授者和育人工作实施者，发挥着教育工作不可替代的核心作用。只有加强教师这方面的意识，提高专业思政技能，才能真正实现我们开展专业思政教学的初衷，才能把我们最初的设想真正扎实、有效地落实和深化。所以，对于作为课程思政关键环节的教师思政育人水平的提升，具体来讲，可以通过三个步骤进行。首先是教师思政意识的具备和提升，也就是说要"接受"并"领会"，即教师应当从主观上接受"课程思政育人"这样一个教育发展的方向，从主观上真正认识到这项工作对于学生教育是一个有意义、有价值的事情，而且是一个大趋势，然后才能为下一步课程思政真正落到实处打下良好的基础。如果教师自身在接受、领会层面出现了问题，那么，进行课程思政教学就无从谈起了。其次是如何真正准确、深入、全面地掌握专业课程思政教学方法的问题。这需要我们有组织地对老师进行培训或者称之为培育。比如通过研讨会、观摩课的方式或者组织对相关文件材料的学习等方式进行课程思政教学方法的培育，这样才能真正让教师群体从意识方面先接受，然后再进行领会，并最终掌握课程思政教学的方法，从而为专业思政教学真正的实施创造一个良好和稳定的条件和基础。

第四，课程思政如何体现我们阿语专业特色。结合我们学校的一些教学实践还有教师们的一些看法，同时对标 2020 年刚刚制定出台的阿语教学新国标，我认为对于阿语专业来说，思政方面可能更多的是我们国标当中所提到的这样一些素质要求，即国标第 4 条第 4.1 项——"素质要求"，其实也可以理解为对我们阿语专业思政的教育工作提出了一些比较明确的要求。具体来说就是，"阿语专业学生应该具有正确的世界观、人生观和价值观，有良好的道德品质、中国情怀与国际视野、社会责任感、人文与科学素养、合作精神、创新精神以及学科基本素养"。

但是我们发现，这个培养要求不仅仅是我们阿语专业，日语、俄语、德语等其他外语专业的素质培养要求基本上都是沿用了这种表述方式，这应该是我们全国高校外语专业思政工作中人才素质培养中普遍统一的要求。

为体现我们阿语专业人才素质培养的特点，我认为可以从学科专业素养的角度出发，对阿语专业课程进行分类或者进行课程群建设。阿语专业学科基本素养应该包括以下内容：文化品格、思维品质和学习品德。而在此之前，还应该包括语言水平作为学科素养的前提和基础。只有建立在良好的语言水平基础之上，才能够真正落实前面这几个方面的学科素养，即文化品格、思维品质以及学习品格。良好的阿语语言水平，具体包括熟练掌握阿拉伯语语音、词汇、语法、语篇等语言知识，熟悉阿拉伯语常用习语和具有特殊文化含义的社会语言现象，初步了解标准阿拉伯语与主要阿拉伯国家方言之间的基本差异，同时具备熟练的阿拉伯语听、说、读、写、译等语言应用能力。文化品格方面，具体包括：①尊重世界文化多样性，具有跨文化同理心和批判性文化意识；②理解中国和阿拉伯国家文化的基本特点和异同；③能够对语言文本和文学艺术作品所反映的文化传统和社会文化现象进行合理的阐释与评价；④能帮助不同文化背景的人士进行有效的跨文化沟通。思维品质可以体现在以下几个方面：①基于自身的文化立场与态度，具有对中阿特定文化现象、中外文化差异的思辨倾向；②能基于阿语文本材料对概念、论据、方法、背景等要素进行提炼、阐述、分析、评价、推理与解释；③能在阿语学习中自觉反思和调解自己的思维过程。学习品德培养可以包括以下几个方面：①能对阿语专业学习进行自我规划、自我监督、自我评价、自我调节；②能组织和配合他人开展学习活动；③具备自觉参加专业实践活动的意识；④能够承受压力，适应新的学习任务与学习环境；⑤善于运用所学的知识和技能解决生活和工作中的实际问题。

基于上述阿拉伯语专业学科素养的标准来进行阿语专业思政教学的课程建设，同时还应该遵循以下原则：首先要以语言水平作为基础，其次以知识传授作为线索，同时将价值素养作为导向。遵循这样的原则进行基于阿拉伯语专业学科素养的专业课程思政建设。根据浙江外国语学院阿语专业的课程设置，基于各门课程的内容和性质，我们的专业课程分为阿拉伯语语言基础课程、阿拉伯语实操类课程以及阿拉伯语知识类课程。结合上述阿语专业学科素养的几个方面的建设内容和标准，这三类课程的思政教学的侧重点是有所不同的。阿拉伯语语言基础类课程因为其综合性和基础性，应该建设成为侧重培养学生"学习品德"的课程群，具体包括"阿拉伯语语音""基础阿拉伯语1-4""高级阿拉伯语1-2"

"阿拉伯语基础语法 1-2"等课程；阿拉伯语实操类课程在语言技能的实际操练过程中更加侧重于培养学生的"思维品质"，具体包括"阿拉伯语经贸口笔译""阿拉伯语政治外交口笔译""阿拉伯语初级视听说""阿拉伯语高级视听说"以及"阿拉伯语商务谈判"等课程；阿拉伯知识类课程，因为涉及阿拉伯历史文化、社会与国情等跨文化知识与素养方面的教学内容，因此更应侧重培养学生的"文化品格"，具体课程包括"阿拉伯社会与文化""阿拉伯伊斯兰思想史""阿拉伯文学选读""中东热点问题研究""中阿经贸合作"等课程。当然，上述三个课程群虽然在专业素养培养的侧重点各有不同，但是并不是说每一个课程群只是针对某一类学科素养标准来提升学生的思政水平，而是说以某一类学科素养为重点，同时兼顾其他学科素养的培育和养成。需要强调的是，这些课程群的建设都是以专业知识作为基础和最主要的线索贯穿其中。如果没有专业知识作为基础，那么贯穿于课程思政建设始终的学科素养培养也就无从谈起了。

总之，以学科素养为视角进行阿拉伯语专业思政课程群的建设应该遵循三个原则：第一是专业导向，也就是以人才培养目标作为导向；第二是课程导向，就是说要体现阿语专业课程自身的性质和特色；第三是学生导向，阿语专业思政教育落实的受众是学生，应关注学生需求，切实做到因材施教。

最后要指出的是，课程思政建设遵循的原则应当是如盐化水、润物无声，将有形化为无形，在潜移默化中达到提升学生学科综合素养与价值引领的目的。而应避免雷声大雨点小、米中掺沙，因为过于注重形式或者生硬呆板而让学生难以接受，最终适得其反，违背了专业课程思政教育的初衷，这一点需要认真思考和悉心把握。

国家重要文献与笔译教学的课程思政融合

——以中阿经贸笔译为例

黄 超

摘 要：经贸笔译是北京外国语大学阿拉伯语专业大四上学期重要的技能课和学科倾向课。将中国共产党全国代表大会报告、政府工作报告等重要文献的中阿文对照版作为课上研读的范文和课后作业、训练的素材，探讨其中国特色政治经济术语、语体风格、篇章结构的翻译方法，分析其翻译理念，是经贸笔译课程思政的重要实现途径。本文将分析把重要文献与笔译教学的课程思政融合的可行性与必要性，结合经贸笔译课的教学实践，探讨两者融合的途径，最后指出该融合对教学效果提升的作用。

关键词：经贸笔译，国家重要文献，课程思政

作者简介：黄超，北京外国语大学阿拉伯学院讲师，研究方向为埃及经济改革与经济政策。

一、国家重要文献与经贸笔译教学的融合

笔译课程中的国家重要文献和教学融合是指将"经贸"拆分成两部分，其中"经济"部分教学过程中，选取近3~5年中国共产党全国代表大会报告和政府工作报告中与经济相关段落的中阿对照版作为课上范文研读的素材，教授其中国特色经济术语、语体风格、篇章结构的翻译方法，分析其翻译理念，并选取与每一课范文主题相关的其他段落进行中翻阿训练的教学形式。

1. 中央政府文献和教学融合具有必要性

从《高等学校课程思政建设指导纲要》（下文简称《纲要》）的要求看，《纲要》对"推进习近平新时代中国特色社会主义思想进教材进课堂进头脑"[①] 提出

[①] 中华人民共和国教育部：《高等学校课程思政建设指导纲要》，http://www.moe.gov.cn/srcsite/A08/s7056/202006/t20200603_462437.html。

了明确的要求。自从中国共产党第十八次全国代表大会以来，以习近平同志为核心的党中央提出了一系列具有中国特色的经济改革制度安排，如"供给侧改革""区域协调发展""精准扶贫""创新驱动发展""深化全面对外开放"等，这些都是习近平新时代中国特色社会主义思想的重要组成部分。而中央政府文献是习近平新时代中国特色社会主义思想的载体，因此，把经贸笔译教学与中央政府文献融合，让学生能理解、会翻译中央政府文献是必要的。

从外国语言文学学科建设的要求看，阿拉伯语专业教学指导分委会主任罗林教授曾指出，外国语言文学一级学科下设的翻译学二级学科的根本任务就是服务中国文化走出去。翻译是中国文化走出去的必要途径，学生是未来中国文化的传播者，因此通过融合式教学，让学生具备中国特色社会主义理论体系的知识储备和外译方法是必要的。

从国家的需求看，中国和阿拉伯国家的政府、政党关系密切。苏丹、阿尔及利亚、埃及等国的政府迫切希望了解、借鉴中国政府的治理经验，经济治理经验是其中重要的一环。因此，我们有迫切的治理经验文献外译需求，培养能翻译这类文献的人才是必要的。

从学生自身发展看，阿拉伯语专业学生毕业后，不少人进入外交、经贸、文化等领域的党政机关和国家企事业单位，不可避免地要宣介习近平新时代中国特色社会主义思想，甚至直接参与中央政府文献的翻译。此外，目前翻译专业资格（水平）考试也将这类文献翻译作为考查的侧重点。融合式教学有利于学生未来发展，帮助学生更好地将个人价值和社会价值融合，因此有必要采用这种教学方式。

2. 中央政府文献和教学融合具有可行性

第一，词句对照难度适中。对于北京外国语大学大四学生来讲，他们在大三下学期的政治外交笔译课上对这类报告的语体风格、篇章结构有了一定的认识，只是对经济类内容相对陌生。中央政府文献的经贸文段，内容超出了学生既往的知识储备。但就单词本身来讲，基本符合2018年版《外国语言文学类教学质量国家标准》的要求，难点在搭配，即词组的聚合意义。而该类文献的翻译原则一般为"词句对照"，因此，学生很容易对应地找出较难术语的译法。通过预习中阿文对照版范文，加上教师的课堂讲解，难度并没有超出北外大四学生的平均水平。

第二，语言精练，内容翔实。这类文献语言简练，信息密度较大，因此，这类范文的代表性往往较强。根据教学经验，针对某一个具体的经济主题，如"中国的财税政策"，一千字左右的汉语文本及其对照的阿文，则可以涵盖该领域大多数常用的术语、表达等。这样避免了选取经济论文、报道等文体时，知识密度低,需要长篇累牍才能获得足够语料的情况。因此,融合式教学有利于在9～10周中向学生讲授尽可能多的各类经济主题翻译方法,形成较为完整的知识体系。

第三,共性和特性表达融合。中央政府文献的经济内容立足于世界主流的经济学话语体系,并凸显中国特色社会主义市场经济特征,用一般性经济术语阐释中国特色经济术语。因此,在教学过程中既讲授了世界主流的经济学话语体系的表述方法,使学生能读懂阿文经贸类文章,用阿语撰写经济类文章;也讲授了具有中国特色的经济术语,能服务外宣。以"财税政策"为例,这一主题的文献中既包含"转移支付""汇率浮动""跨境支付"这种通用经济术语,还包含"从价计征""营改增""增值税中央和地方分享比例"等中国特色经济术语。因此,教学内容既有中国特色,也和国际接轨。

二、中央政府文献与笔译教学的课程思政融合的途径

《纲要》指出,"建设高水平人才培养体系,必须将思想政治工作体系贯通其中,必须抓好课程思政建设,解决好专业教育和思政教育'两张皮'问题"[1]。"两层皮"是我们要切实杜绝的问题,笔译教学不能为了思政而思政。中央政府文献也不仅仅是习近平新时代中国特色社会主义思想的文字载体,它本身就是经贸笔译教学的重要组成部分。因此,从词汇、语体风格、语篇结构到翻译理念,从微观到宏观的教学实践才是正确地将中央政府文献与笔译教学的课程思政融合的途径。

第一,通过中国特色社会主义经济体系的术语翻译教学,规范翻译助力构建中国特色话语体系。该部分教学主要侧重于中国特色经济术语的中阿互译、固定搭配和词义辨析教学,旨在扫清翻译中的基本表达障碍,切实培养学生的"术语"意识,提高此类翻译的规范性。术语必须要教,途径是范文研读。因为中央政府文献几乎是所有中国特色术语的唯一来源,且由于很多术语具有较强的概括性、修辞性,如"放管服""三去一降一补""三期叠加""大水漫灌式""挤出经济泡沫"等,如果没有知识储备,几乎无法以自己的经验准确翻译。此外,这些术语还具有"不可查阅"性,无法在字典或者翻译软件中查找,因此只能平时多读、多积累,以备不时之需。术语教学目的是服务翻译的规范性。如"精准扶贫"的阿语是"هادفة ودقيقة مساعدة الفقراء بتدابير",其中,"扶贫"容易被误译为"تخفيف (حدة) الفقر"(减贫),则中国特色就失去了不少,"精准"容易被误译为

---

[1] 中华人民共和国教育部:《高等学校课程思政建设指导纲要》,http：//www.moe.gov.cn/srcsite/A08/s7056/202006/t20200603_462437.html。

"بشكل دقيق"（精准地），和标准译法中"بتدابير هادفة ودقيقة"（通过针对性、精确制度安排）不符。如果不研读范文并"抠字眼"，则很难发现翻译中的问题并加以改正。而规范性的欠缺不利于构建中国特色的话语体系。

第二，通过中央政府文献的语体风格与语篇结构翻译教学，增强中国特色社会主义理论体系认同。文献具有特定的语体风格和语篇结构，这些都反应在翻译过程中的句型建构中。从语体风格来讲，文献以陈述句和祈使句为主。陈述句对应过去式动、名词句，旨在回顾过去的工作历程、事件发展的路径和既往取得的成就；祈使句对应第一人称复数（我们）的将来式动词句或"ينبغي、يتعين، يجب+مصدر فعل"的句式，旨在指明未来发展方向和对党员干部提出的要求。从语篇结构看，文献除节标题之外，每段内容都有相对独立的主题，因此段首第一句为段标题，翻译时要将句子翻成以对应动词词根为正次、主语为偏次的正偏组合。因此，在教学过程中，通过引导学生区分汉语的句子类型、句子功能，是正确翻译的基础，同样也是"庖丁解牛"地理解文献内容的途径。看懂从政策提出到政策解释的顺承逻辑，有利于学生对文献内容的认同与内化。

第三，通过中央政府文献的翻译思路与理念教学，牢固树立"四个自信"。目前，学术界对中央政府文献的翻译思路存在争议。部分学者认为，文献翻译过于"中国化"，阿语表达不贴合阿拉伯人表达习惯，导致读者无法理解。究其原因，争论点在于中国特色的术语翻法，文献中多通过直译的方法，因此，读者无法从字面有效理解术语的内涵。然而这样的译法也具有理据性：从阿拉伯语语法和表达规范上讲，翻译本身准确无误；参照其他学科的术语，该命名法屡见不鲜，如"J曲线效应""科斯定理"等，也无法从字面窥见术语内涵。相较而言，两种翻译思路各有利弊。但是搞清楚"培养什么人、怎样培养人、为谁培养人是教育的根本问题"，就能理解这种翻译思路的逻辑了，即彰显道路自信、理论自信、制度自信、文化自信，构建中国特色的学术话语体系。中国具有先进的政治、经济、文化治理经验，值得外国借鉴，外国读者应该借助外译的文献自主学习术语内涵，而不能完全依靠翻译工作者解决理论理解的"最后一公里"问题。因此，在教学过程中引导学生理解这种翻译思路，实质上就是在树立"四个自信"的基础上教授翻译。

三、融合式教学对提升教学效果的作用评述

第一，扩展教学内容维度。经贸笔译课实际上是由两部分组成，即"经济"和"贸易"。而现有阿拉伯语经贸类教材内容全都侧重于商贸实务和商贸应用文写作，忽视了理论性较强的经济部分，最终导致教学内容较片面，学生的知识面

和思想高度没得到升华。从"培养什么人"的角度看，如果经贸笔译的教学目的仅限于培养精通阿语的商贸应用型人才，这种教学内容是足够的。但这类人才在最近的中美贸易战升级中很难发挥国家喉舌的作用，无法凭借自己的语言优势在阿拉伯地区的主流媒体回击美国的错误观点。这要归因于学生的知识结构和理论高度的欠缺。在中央政府文献的导入后，教学目标自然而然地根据范文内容转变优化：从商贸应用文翻译，扩展到向阿拉国家介绍中国的宏观经济、中国特色社会主义经济制度、国家政策、中国的经济发展方向、改革开放40年来中国经济取得成绩和挑战，延伸至中国特色社会主义市场经济常识和相关领域翻译。

第二，融合知识与技能。如上文所述，对中央政府报告的翻译教学有赖于对报告内容本身的理解与熟悉。在备课中通过归纳与梳理，可以将相关经济文段归纳为：经济整体情况、经济发展业绩、经济发展目标、财税政策、金融货币政策、政府赤字、区域发展与脱贫攻坚、国企国资改革与引导非公有制经济发展、全面对外开放、经济改革政策等10个主题。针对每一个主题，学生通过课前预习理解了一些术语和政策的内涵，授课时教师顺势讲解。这样既让学生宏观了解国家经济工作的重要着眼点、出发点与归宿，还能从微观了解政策的内涵和具体做法。由于范文素材随党的全国代表大会报告（每5年）和政府工作报告（每年）的印发而更新，通过比对可以发现政府最近经济工作方向的变化与新重点。如2020年由于疫情的影响，政府工作报告中"疫情对经济的影响（经济整体情况）"和"货币金融政策""财税政策"等部分内容和2019年比发生了较大的变化，在课堂上强调这种变化，有利于让学生了解当下经济的新形势、经济工作的新变化。做到"会译"也"会阐释"，消除外语人才培养的"工具化"倾向。

第三，内化与认同范文内容。与一般的讲话稿不同，中央政府文献不仅具有结论性内容，还有对政策制定原因、具体实施途径等问题的阐述。以"供给侧改革"为例，文献详细地阐述了"供给侧改革"的具体内容，即"三去一降一补"，还根据中国实情，制定了钢铁、水泥、玻璃钢等领域去产能、房地产等行业去库存、金融行业去杠杆、快递业和小微企业降成本、高科技等产业补短板的具体目标，清晰地阐释了"供给侧改革"和西方"供给学派"的差别。通过对文献的研读，能通过文献本身的阐述，增加对习近平新时代中国特色社会主义的理解与认同，能有效避免"口号式"政策翻译教学，即学生只懂得如何翻，但不理解政策内涵，更缺乏认同感。

阿拉伯语专业课程思政的路径探索

韩家盛

摘要："课程思政"是专业教育和思想政治教育的有机结合，了解阿拉伯语专业课程思政的价值内涵，研究专业课与课程思政的融合路径，不但有助于培养学生的政治素养、人文精神和社会责任感，还能对阿拉伯语专业学科发展起到一定的促进作用。

关键词：课程思政，思想政治教育，阿拉伯语专业课程

作者简介：韩家盛，吉林外国语大学东方语学院阿拉伯语系讲师。

在信息技术高速发展的今天，学生们获取知识和信息的途径变得越来越广泛，他们容易受到非主流文化和形形色色价值取向的影响，所以，引导学生形成正确的"三观"，尽量规避网络上的碎片化信息所带来的消极影响，是每一个教育工作者都应该思考的问题。2016 年，习近平在全国高校思想政治工作会议上强调：高校思想政治工作关系高校培养什么样的人、如何培养人以及为谁培养人这个根本问题。要坚持把立德树人作为中心环节，把思想政治工作贯穿教育教学全过程，实现全程育人、全方位育人，努力开创我国高等教育事业发展新局面。2020 年 6 月，教育部正式发布《高等学校课程思政建设指导纲要》，也预示着把立德树人作为人才培养中心环节，将思想政治工作贯穿教育教学全过程将会在高校人才培养中占据更为突出的地位。

一、阿拉伯语专业课程思政的价值内涵

培养政治立场坚定、专业能力强、综合素质高、思想觉悟高的阿拉伯语专业人才，需要学校、院系全力营造全员育人的意识，专业教师应树立崇高的育人使命，将思想政治教育融入阿拉伯语课堂教学和改革的方方面面，实现思政教育润物细无声，从根本上改变专业教学和思政教育"两张皮"的现象。近年来，由于"一带一路"倡议的提出，中国和"一带一路"沿线阿拉伯国家的合作领域

不断拓展，中阿人民之间的传统友谊得到进一步深化，国内高校阿拉伯语专业的发展也迎来了欣欣向荣的局面。但随着国际局势的持续动荡，特别是2020年新冠肺炎肆虐全球，美国大搞单边主义并在各方面加大对中国打压力度的背景下，国家更加需要能够时刻践行社会主义核心价值观、讲好中国故事，让阿拉伯人民了解中国人民，并能正确看待中国发展的阿语人才，而这类人才的培养离不开以专业课程为载体、思想教育为精神引领的专业思政课程。

二、阿拉伯语专业课与课程思政的融合路径

1. 提升专业教师课程思政能力

人才是事业发展最为关键的因素。同样，专业教师也是课程思政建设成功与否的决定性因素之一，因为教师是教书育人实施的主体，也是课堂教学的第一责任人，只有教师有温度，课堂有温度，教出来的学生才会有温度，课堂教学才能真正达到育人的目的。

提升专业教师思政能力可以从以下几个方面着手：一是思想上的自我破冰，即教师首先要意识到在专业课上进行思政教育不但不会干扰和影响课堂教学，相反，如果课程环节设计合理，思政教育反而会促进专业教学，从而实现育人效果与教学质量的双赢。二是在提升业务能力的同时，还要时刻注重培养自身的思想道德修养和综合素质。老师是学生的镜子，学生是老师的影子，老师的言行举止，甚至"三观"都会对学生产生潜移默化的影响。就阿拉伯语专业而言，专业课教师尤其是精读课教师与学生沟通和交流的机会较多，对他们的影响也较大，所以教师需要不断完善自我，将自己阳光、正能量的一面展现给学生，为他们做出表率。三是提高共情能力。良好的师生关系对教学有积极的促进作用，当代大学生普遍缺乏学习动机，学习目标也不够明确，对自己的未来没有长远的规划。他们对专业的认识主要来自专业任课教师，对专业的认可也是基于对教师的认可。所以，想要让学生乐于接受教师传递的思想，师生间就必须要建立良好的关系，这就需要专业教师提升共情能力，即走到学生中去，多站在他们的角度和立场去看待问题，这样不仅可以使教师更全面地研究学生，了解学生的思维方式、习惯、兴趣和能力等，便于因材施教，还有助于师生在知识和情感方面达到共鸣，从而提升课堂教学质量和思政教育效果。四是培养创新意识。专业教师在课程资源的开发、教学目标的设定、教学手段和评价方式上都应有所创新，让所教授的课程更富生命力，课堂更具活力，使学生能够对课程保有新鲜感，并乐于参与思考和讨论。五是培养问题意识。专业思政教育是有长期性、系统性的工程，这就需要专业教师树立起问题意识，既要关注国内外发生的大事，又要关心

身边发生的小事，注重素材的收集、整理和思政元素的提取，并通过一系列的设计使之与教学目标达到一定的契合度。

2. 整合专业课程资源

除了提升专业教师课程思政能力，还应该对专业课程资源进行重新整合与梳理。从宏观上来讲，专业负责人需要从学校思政教育顶层设计出发，并根据系内的具体情况思考以下两个问题：第一，是否有必要引入校内专职思政教师共同开发课程资源，挖掘专业课程中的思政元素并进行深度开发。第二，根据本专业的人才培养方案思考哪些课程适合显性思政教育，哪些课程适合隐性思政教育。从微观上来讲，授课教师应该对教材进行二次开发，主要是对所授课程的教学目标进行重新设定，凸出以"育"为主的情感目标。以精读课为例，授课教师可以根据知识、技能目标和与课文主旨密切相关的热点话题来设定情感价值目标，达到既能回应学生关切，又能帮助学生解决思想困惑的目的。如《数字时代的学习》一课，教师就可以结合时下的热点话题"网络暴力"制定情感目标，即通过学习本课，认识到网络暴力所带来的不良影响，提倡文明上网，利用网络传递正能量。

3. 创新教育手段

专业教学从不缺乏教学手段的创新。只要选择得当，符合学情，有助于教学目标的达成，就会取得不错的教学效果。但育人手段和途径的创新却乏善可陈，一方面是专业课教师过于注重课堂教学效果和知识目标的达成而忽略专业课育人功能的开发；另一方面是"教"和"育"严重脱节，育人环节过于独立，背离教学目标，没有达到课程思政润物细无声的效果。针对此类问题，专业教师可从以下两方面进行适当创新。

第一，创新教学平台。这里主要指发挥网络教学平台的育人作用。教师课前可以将本课的教学目标上传至网络教学平台，为引起学生的重视，培养他们主动思考的习惯，情感目标部分可以用"字体加粗"的方式来突出。同时，也可以将辅助信息材料，如完成目标所需的词汇、句型、语法点、图片或者相关文章链接等上传至教学平台。这样做既有利于实现情感目标和语言技能目标紧密结合，又能缩小话题范围，聚焦话题中心。而对于这一目标完成效果的验收，教师则可以通过在平台上开辟专栏的方式来达成，这样既可以节省课上时间，又可以为日后的教学积累素材。如设立"我思故我在""虚拟微博（推特）评论站""中国人在埃及"等模块，鼓励和引导学生用阿拉伯语对社会热点话题进行评论。

第二，创新传播途径。参照显性思政和隐形思政的课程划分，专业思政教育思想传播的途径也可以分为显性和隐性。课堂上，借助网络教学平台的思政教育为显性；课下，借助微信、微博等社交平台的思政教育为隐性。专业教师可不定期通过微信向学生推送一些具有一定教育意义和思考价值的文章，这种"非官方"途径的思政教育更易于学生接受。同时，课间10分钟也不应被忽视。相比课上严肃的师生关系，课间的氛围更宽松，学生更愿意敞开心扉，与老师进行交流。如与学生就电视剧展开讨论时，教师可以引导学生尝试将剧名和经典台词翻译成阿拉伯语，并鼓励其在朋友圈等平台上发表作品，在寓教于乐中提升语言技能。同时，可以让学生对剧中所涉及的中国传统文化元素用阿语进行讲解和展示，以此来培养学生用阿拉伯语讲好中国故事的意识。

4. 评价模式的创新

以往对学生的评价主要集中在课后作业、章节测验和出勤等可以量化的方面，很少有专业教师从德育养成的角度对学生进行评价，所以，为了突出专业思政教育的重要地位，同时使学生重视自身思想政治素养的养成，就需要专业教师对学生情感态度和价值观上的综合表现进行评价。评价维度可包括学生学习的积极性、团队协作的意识和"情感目标"相关任务的完成情况等。评价方式可以采取教师评价和生生匿名评价相结合的方式，教师评价应该以鼓励为主，力争发现每个人身上的优点和长处，并进行点评，指明今后努力的方向；生生互评，教师则可以将评价维度上传至问卷星等平台，让学生进行匿名投票，投票结果设置为"仅后台可见"，最后由教师公布前3～5名的票数，并给予适当奖励。

结语

以专业技能知识为载体，加强大学生思想政治教育，具有强大的说服力和感染力，有助于将课堂主渠道功能发挥最大化，扭转专业课程教学重智轻德现象，具有其他教育方式不可替代的优势。所以，为了能够培养出思想正确、政治正确同时又具有家国情怀的阿拉伯语专业人才，就需要专业任课教师"种好责任田"，通过教学方式的改革和育人模式的创新实现立德树人的根本目的。

参考文献

[1] 高德毅，宗爱东. 从思政课程到课程思政：从战略高度构建高校思想政治教育课程体系 [J]. 中国高等教育，2017（1）：43-46.

[2] 何红娟. "思政课程"到"课程思政"发展的内在逻辑及建构策略 [J]. 思想政治教育研究，2017（5）：60-64.

[3] 李国娟. 课程思政建设必须牢牢把握五个关键环节 [J]. 中国高等教育，2017（Z3）：28-29.

[4] 陆道坤. 课程思政推行中若干核心问题及解决思路：基于专业课程思政的探讨 [J]. 思想理论教育，2018（3）：64-69.

第三部分　国别和区域研究人才培养

新文科背景下北京大学阿拉伯语课程改革与中东研究复合型高端人才培养

林丰民

摘要：新文科建设是中国高等教育在人文科学和社会科学发展的新趋向，对于学科发展具有重要的指导意义，如何在外语教学中贯彻新文科的理念是一个新的课题。北京大学阿拉伯语系在多年的教学改革中不断做出探索，其中的一些措施暗合了新文科的内涵，主要体现在三个方面：一是积极利用北京大学的教学政策，鼓励阿拉伯语专业学生选修政治学、经济学、法学、社会学、心理学和艺术学等领域的第二学位，本科期间完成双学位的学习任务；二是积极为学生创造条件，开设土耳其语、库尔德语、希伯来语等除阿拉伯语外的其他中东语言的公共选修课或辅修课程；三是新开设一系列与中东相关的历史、文学、文化等方面的课程，推进阿拉伯语专业从语言教学到专业教育的提升，从而为培养高端的中东研究复合型人才奠定了良好的基础，也为外语领域的新文科建设做出了有益的探索。

关键词：新文科，北京大学阿拉伯语系，中东研究，课程改革，复合型高端人才培养

作者简介：林丰民，北京大学外国语学院阿拉伯语系教授、博士生导师，北京大学教师教学发展中心副主任，教育部人文社会科学重点研究基地北京大学东方文学研究中心副主任，北京大学阿拉伯伊斯兰文化研究所所长，中国外国文学学会阿拉伯文学研究分会会长。在国内外刊物发表中、英、阿文论文70余篇，出版《文化转型中的阿拉伯现代文学》等4部专著。

新文科是新时代背景下中国高等教育的新举措、新方针，对于未来一段时间内中国高校人才培养具有指导性意义。"新文科是相对于传统文科而言的，是以全球新科技革命、新经济发展、中国特色社会主义进入新时代为背景，突破传统文科的思维模式，以继承与创新、交叉与融合、协同与共享为主要途径，促进多学科交叉与深度融合，推动传统文科的更新升级，从学科导向转向以需求为导

向,从专业分割转向交叉融合,从适应服务转向支撑引领。"① 新文科有很多方面的内容,具体的专业要结合其中部分要素来讨论。对于新文科背景下的阿拉伯语人才培养来说,最关键的是要在交叉与融合方面多下力气。

一、双学位与外语

实际上北京大学在培养阿拉伯语人才方面,较早就采取了一些切合新文科精神的改革措施。北京大学在大约20年前就开始对外语学科进行了一些改革,为包括阿拉伯语专业在内的各个外语专业的学生提供双学位和辅修专业的选择。当初的改革动机或许没有当下新文科建设那么深远的战略考虑,而只是出于较为朴素的为学生服务的想法。尽管近年来小语种的就业相对不错,但是曾经有一段时间,很多小语种专业的毕业生在就业的时候面临着比较大的困难。就是从学生就业的角度出发,我们开放了双学位政策和辅修专业的政策。该政策恰恰符合了新文科提出的学科交融和交叉理念。从多年来的课程改革实践效果来看,这种双学位和辅修政策对于学生知识结构的优化起到了非常好的作用,也的确在很大程度上帮助了学生的就业。

这种政策的提出是对常规专业思想的突破。长期的高校体制在文科内部实际上是存在着专业壁垒的。"要破除文科内部壁垒。长期以来,传统文科的划分越来越细,导致不同学科之间,甚至学科内部产生隔阂。新文科建设要加强学科内部不同流派的互学互鉴,建强专业学科,要鼓励现有学科立足时代需求,创新研究方法,拓展研究领域,要增进人文与社科的互通互促,让人文更贴近现实,让社科更具有情怀,才能增强与其他学科交叉合作的厚重底气。"② 近年来,北京大学阿拉伯语专业学生多选择社会科学和人文科学,包括经济学、管理学、法学、国际关系、社会学、心理学、新闻传播和中文、历史、艺术等,也有极少数同学选择理工科专业作为第二学位,比如有学生选择信息科学作为辅修专业或者第二学位。

传统的外语教学只是把语言当作一个工具,这样的认识已经不能适应新时代的发展。以前我们学生毕业主要就是掌握语言,并不具备很多专业知识,因此双学位就为学生增加了专业知识方面的培训。学校允许各个外语专业的学生选择第二学位,毕业时可以获得两个学位。这样毕业生既可以从语言专业寻找工作,也可以通过第二专业寻找工作。此外,很多毕业生英语水平也很好,所以就具备2

---

① 王铭玉、张涛:《高校"新文科"建设:概念与行动》,载《中国社会科学报》2019年3月21日。
② 龚旗煌:《新文科建设的四个"新"维度》,载《中国高等教育》2021年第1期。

门外语和 1 项专业，就业时拥有较大优势，很多单位愿意招聘这样的毕业生。

北京大学外语专业的这种双学位和辅修专业改革实际上就是一种"外语+"的人才培养新模式，是新时代适应新形势的一种新的教育模式，具体来说，它是适应了"一带一路"建设的需要。"中国所提出的'一带一路'战略，通过与沿线亚欧乃至非洲开展相关国际经济合作，意在促进沿线国家经济发展，进而提升我国在全球经济治理中的重要地位，在世界格局变化中争取更大的话语权。因此，为更好地促进我国参与全球经济的治理，各大高校要重视外语教学改革的重要性，并采取相应的改革措施以做国家参与全球经济治理相关事项的坚实后盾。"①

二、中东研究复合型人才与多语种+

在实施了一段时间的具有"外语+"性质的双学位改革之后，我们又探索"多语种+"的中东研究高端复合型人才培养模式。国内传统的外语教学包括阿拉伯语的教学基本上是以培养翻译人才为目标，因此，在教学过程中以语言的训练作为核心工作，以听、说、读、写、译 5 项语言技能做基本的训练。但随着社会需求的多样化，一般性的翻译人才已经不能满足社会的需求，尤其是国家提出一带一路倡议以后，将会需要一批高端的复合型的外语人才。"当前，面对复杂多变的对外合作交流事务，那些仅掌握最基本的外语知识或语言技能的单纯外语人才，必然无法满足社会需求，难以真正促进我国与其他国际各类业务的顺利实施，因此，具有较高综合能力的复合型语言人才，必然会成为推动'一带一路'建设中最重要的一环。"② 正是基于这样的考虑，北京大学外国语学院阿拉伯语系进行了有针对性的教学改革，重新建立起一套新的培养模式，即中东研究复合型人才培养模式。

在区域国别研究领域，中东研究是一个比较复杂的领域。仅就阿拉伯的历史和文化而言，它与中东其他民族和语言之间存在着复杂而密切的关系。中古时期的阿拉伯文化吸纳了大量古希腊－罗马文化、波斯文化以及其他的文化因子，而近古时期奥斯曼土耳其帝国的版图也改变了阿拉伯文化的构成要素，因此，要研究阿拉伯古代文化，光靠阿拉伯语是不够的，还需要研究者能够读懂波斯语和土耳其语的文献。而中东研究作为一个整体，除波斯语和土耳其语外，还涉及希伯

---

① 唐甜甜：《"一带一路"建设背景下高校外语教学方向研究》，载《山西能源学院学报》2018 年 8 月第 31 卷第 4 期，第 90 页。

② 王嫒嫒：《"一带一路"背景下高职外语复合型人才培养策略研究》，载《海外英语》，2018 年 1 月，第 38 页。

来语和库尔德语等语言。

在这样的认识基础上，我们在阿拉伯语系内进行了进一步的课程改革，开设了辅修课程，将土耳其语、希伯来语、波斯语和库尔德语等中东主要语言设为辅修课程。学生在4年本科阶段，既掌握阿拉伯语，又掌握辅修专业的语言，辅修同样要达到二年级基础教育阶段的教学目标。至此，我们构建了"阿拉伯语+另一门中东语言+中东文化"的培养模式，即"多语种+"的培养模式。

为了吸引校内社会科学和人文科学的不同专业学生对中东研究的兴趣，我们还面向全校开设了中东语言的公共课程。除阿拉伯语外，我们还开设土耳其语和库尔德语的公共课。个别对中东文化感兴趣的学生在学习了公共外语之后，通过报考阿拉伯语专业和中东研究方向的研究生，进入了中东研究的领域。

在这里特别要提到的是"卓越人才"项目。阿语作为该项目在北京大学校内的第一个试点专业，在2018年首先做了特殊的教学计划的设置，分成了3个阶段，分别为"走近中东之文学""走进中东之文学"和"走出中东之文学"。学校从各院系选拔成绩优异、绩点高，又对阿拉伯语和中东研究感兴趣的学生，来学习阿拉伯语。他们的课时不多，要求却很高。这些学生需要通过两年时间的选修课，完成阿拉伯语基础阶段的教学目标，达到阿拉伯语本科专业二年级的水平。阿拉伯语本科专业一年级和二年级基础教育阶段每周通常设置是14个学时，但这些卓越人才班的学生每周只有6个学时，却要完成14个学时的教学内容。这就要求我们在教学方法上进行创新试验。我们在教学方法上采用了一些新方式，抛开了以前以语言语法作为要点的教学，而将视听说作为重点训练内容，目前取得了不错的效果。这一项目还在执行的过程中，其最终效果还有待未来的检验。

三、以"一带一路"为契机：从语言教学到专业教育

新文科是新时代国家发展战略的需要，特别是"一带一路"建设需要大量具有较好外语水平同时又掌握各种专业知识的人才。因此，我们一方面强化语言技能型课程，从偏向语法教学的语言教学转向实际应用型的语言技能训练型课程的拓展，比如阿拉伯语应用文的写作、阿拉伯报刊文选、阿拉伯语口译、阿拉伯语视听等课程，另一方面，则增设大量的专业知识型的课程。从增设"阿拉伯伊斯兰文化""当代阿拉伯世界""阿拉伯简史"和"阿拉伯文学史"等一些概述性的课程以外，又新开设了各种有关阿拉伯文化的专题课，包括戏剧与实践、诗歌选读、小说选读和散文选读，3门历史文献选读课，等等；2019年，我们还开了《悬诗》赏析课，出乎意料地受到部分学生的热爱，这门课由叙利亚专家教

授，课程难度较大，但是选课的同学都非常认真学习。另外有几门选读课，包括语言学入门、艺术概论、书法和电影赏析等（详见限制性选修课程和选修课程表），通过学科和学科之间的联系扩展了知识。但是对于学科交叉来说，我们还需要进一步深化。这是未来进行课程改革和人才培养的重点方向。

限选课程（43 学分）

课程名称	周学时	学分
阿拉伯语口语（一）	4	2
阿拉伯语语法	2	2
当代阿拉伯世界	2	2
阿拉伯语阅读（一）	2	1
阿拉伯语口语（二）	2	1
阿拉伯语视听（一）	2	1
阿拉伯语阅读（二）	2	1
阿拉伯语视听（二）	2	1
中东史	2	2
课程名称	周学时	学分
阿拉伯语写作（一）	2	2
阿拉伯语翻译教程（一）	2	2
阿拉伯语口译（一）	2	1
阿拉伯语写作（二）	2	2
现当代阿拉伯文学	2	2
阿拉伯戏剧与实践	2	2
阿拉伯诗歌选读	2	2
阿拉伯小说选读	2	2
阿拉伯语口语（三）	2	1
阿拉伯语阅读（三）	2	1
阿拉伯语口语（四）	2	1
阿拉伯语视听（三）	2	1
开罗方言	2	2
阿拉伯报刊文选（一）	2	2

（续上表）

课程名称	周学时	学分
阿拉伯散文选读	2	2
阿拉伯语翻译教程（二）	2	2
阿拉伯语口译（二）	2	1
阿拉伯报刊文选（二）	2	2

专业选修课程（18学分）

课程名称	周学时	学分
北非历史文献选读	2	2
阿拉伯古代史文献选读	2	2
阿拉伯语语言学入门	2	2
当代中东研究	2	2
《悬诗》赏析	2	2
阿拉伯艺术概论	2	2
西亚历史文献选读	2	2
阿拉伯电影赏析	2	2
阿拉伯书法	2	2

从语言教学到外语专业教育的转型过程中，北京大学阿拉伯语系最有成效的是"外国语言与外国历史"新专业（简称"外外"专业）的首创实验。这一全新的具有学科交融性质的专业由北京大学元培学院[①]提出申请，在2011年获教育部批准。这一新专业的实验就从阿拉伯语开始，已经实施近10年。具体而言，历史系的学生选修阿拉伯语课程，阿拉伯语系学生选修历史学课程，或者元培学院的学生直接选修两个系的专业课程。实施的范围主要是北京大学外国语学院、历史学院和元培学院。这些学生在4年的本科阶段学习之后，选择继续深造的比例非常高，在外国历史研究领域深受欢迎。

后来北京大学考古文博学院由于要拓展国际考古，急需懂外语的考古人才，同阿拉伯语系联合协作，于2017年在外外专业框架下开设了外外专业的考古学

---

① 元培学院和元培计划是北京大学本科教育改革的重要举措，是课程体系调整、专业教育与通识教育协调发展的新探索。2002年9月，元培计划实验班在全国本科招生中按文理两大类招生，学生入学不分专业，在低年级实行通识和大学基础教育，加强和拓宽学生基础；在高年级实行宽口径专业教育，注重实践和创新能力培养。同时尊重学生的兴趣与选择，尊重学生个体化差异，学生原则上可自由选择专业。

方向，把考古文博学院的学生送到阿拉伯语专业来学习阿拉伯语。

当然，区域国别研究的人才培养离不开科研的训练、国际体验和田野调查等。我们大力鼓励学生申请学校设立的本科生科研项目——校长基金项目，支持本科生的科研。我们安排指导老师进行辅导，主要对象是我们专业的学生，也有其他选修阿拉伯语系课程的学生，如学习公共阿拉伯语和对中东感兴趣的学生。

我们也致力于增加学生的国际体验，组织学生到阿拉伯国家和其他中东国家进行田野调查与学生交流。我们常年组织"北京大学中国与中东青年论坛"，组织"北京大学走进中东学生暑期考察团"多次赴"一带一路"沿线国家埃及、黎巴嫩、约旦、阿联酋、沙特、土耳其、卡塔尔、俄罗斯等国家考察并开展实地调研，特别是2017年、2018年连续两次赴黎巴嫩、约旦进行有关叙利亚难民问题的专项调研，考察了多个难民营和相关机构，获取了丰富的一手资料，并产生了《"一带一路"背景下中国—埃及经贸合作成果分析》等5篇调研报告。其中，"中阿跨文化交流之路（CAMEL）"项目已经成为北京大学学生最有吸引力的国际交流项目之一。

四、阿拉伯语课程改革成效

北京大学阿拉伯语系的课程改革基本上每隔四年就要进行一次调整，十余年来的改革实践说明我们的改革大方向基本上是对的。经过师生们的共同努力，课程改革取得了一定的成效。

第一是就业率大大提高，每年毕业生就业率接近100%，甚至有些年头达到了100%。个别没有当年就业的学生等一段时间也基本上找到了自己喜欢的单位，或者自己创业，包括有毕业生创建了私募基金公司，并且有很好的业绩。

第二是学生的就业范围变大了，尤其是那些选择了双学位或者辅修专业的毕业生受到了就业市场的欢迎。一方面，他们具备阿拉伯语的语言能力，另一方面，他们又接受了经济学、管理学、政治学、史学、新闻学、法学、政治学等其中一个领域的专业知识的熏陶，加上他们的英语水平也较高。因此，他们的就业范围不仅局限于使用阿拉伯语较多的单位，更多的是在非阿拉伯语领域就业。

第三是就业的范围扩大了，层次提高了。本系的毕业生近年来除了外交部、中联部、经贸部、贸促会、海关总署等国家机关，有的还进入了新华社、中国网等新闻传播机构，更有大量的学生进入了中石油、中石化、中国银行、国家开发银行、中国工商银行、中国建设集团、中国铝业等国有央企，以及普华永道、华为公司等跨国大公司。

第四是为区域国别研究的重要领域之一中东研究提供了储备人才。从北京大学阿拉伯语系毕业的本科生由于外语功底加上专业知识的教育，成为区域国别研究领域的研究生热门候选人。比如，双学位政策实施期间的一位学生在研究生阶段主攻中东地区的社会学，在巴勒斯坦地区进行过一年的田野调查，经过较好的学术训练之后，成为这一领域的先驱者，现已成为一所重要高校的年轻副教授。"外国语言与外国历史（阿拉伯语方向）"专业的大多数毕业生都在国内外继续深造，有些毕业生在美国哈佛大学、乔治敦大学、密歇根大学和英国剑桥大学攻读硕士学位或博士学位，已经初步显示出他们在外国历史研究方面的潜在研究能力，其中一位从剑桥大学博士毕业的青年才俊归国任教，也已晋升为长聘副教授。

结语

总体上看，北京大学阿拉伯语专业的课程改革取得了初步成效，无论是双学位、外语+、多语种+等教学改革措施的实施，还是"卓越"项目、"外外"专业的设立以及专业教育的提升，都取得了较为显著的效果，为区域国别研究人才的培养，特别是中东研究复合型人才的培养奠定了基础，也为新文科的建设做出了有效的改革探索。

外语专业国别和区域研究人才培养中的教材问题*

陈 杰

摘要：中国特色大国外交的开展以及"一带一路"的共建、人类命运共同体的构建，既迫切需要国别和区域研究，也迫切需要国别和区域研究人才。外语专业培养国别和区域研究人才优势和局限性都很明显。教材是其中一个重要的制约因素。教材问题体现在对象国国情类教材占比极少，双边关系类和中国国情类教材几乎空白，现有的外语专业教材没能及时反映国家的最新教育政策意图。未来国别和区域研究教材应在育人思想、教材体系、内容选择、主体设计、练习配套等方面有所考量。

关键词：国别和区域研究人才，人才培养，教材建设

作者简介：陈杰，江苏泰州人，博士，中山大学国际翻译学院阿拉伯语系教授、博士生导师，国别和区域研究平台主任。

一、国别和区域研究人才培养模式改革的必要性

中国特色大国外交的开展以及"一带一路"的共建、人类命运共同体的构建，既迫切需要国别和区域研究，也迫切需要国别和区域研究人才，前者为当前提供智力支持，后者为未来提供智力支持。2016年4月发布的《关于做好新时期教育对外开放工作的若干意见》首次在国家纲领性文件中提出要培养"国别和区域研究人才"在内的五类人才。①

在当下国别区域学的构建和发展过程中，国别和区域研究及其人才培养本应

---

* 本文是2020年度广东省高等教育教学改革项目"多语种、全体系国别和区域教材开发研究"（2020004）的阶段性成果。

① 《中办国办印发〈关于做好新时期教育对外开放工作的若干意见〉》，载《中国教育报》2016年4月30日。

同步进行,但目前总的看来,研究先行、人才培养滞后的现象已然出现。① 对于国别和区域研究人才培养的必要性和迫切性,钱乘旦提出"就区域与国别研究而言,专门的人才培养已经刻不容缓";② 罗林等指出"'一带一路'在推进过程中需要大量'外语+专业技能'的'国别通'式人才,目前国内高校专业设置中很难满足这样的人才需求";③ 李晨阳提出"必须修正国别与区域研究的人才培养模式"④。

当前具有中国特色的国别和区域研究人才培养模式还在各个高校、各个学科范围内进行摸索,学科不同,国别和区域人才培养的路径也就不同,但总体来看,均在走一条"语言+专业"或"专业+外语"的复合型道路,在课程体系、师资能力建设等方面进行了一定的探索。在所有学科中,外语学科因国务院学位委员会在2013年颁布的《学位授予和人才培养一级学科简介》中首次纳入了国别和区域研究,而成为当前国内国别和区域研究人才培养的最大主体,而国别和区域研究人才对外语的要求之高也决定了外语学科可以而且应该发挥自己独特的作用。因此,近年来,国内外国语类大学以及很多外国语学院均将国别和区域研究人才的培养作为重要的人才培养方向和增长点,作为外语学科服务国家战略需要的重要抓手。尽管当前外语学科在国别和区域研究人才培养方面拥有了强烈意愿,但是,一些深层次的问题也开始浮现出来,成为制约高质量国别和区域研究人才培养的因素。

二、外语专业培养国别和区域研究人才的优势与局限

外语专业培养国别和区域研究人才优势和局限性都很明显。其中,外语专业的优势包括:

第一,工具优势。国别和区域研究需要大量的一手文献作为支撑,而外语专业恰恰提供这样的工具优势,有助于习得者通过强化学习,获得检索一手文献的能力。

第二,师资优势。传统的外语系建制一般要求师资在整体上能胜任对象国语

---

① 下文不特别说明,皆指本科阶段的国别和区域研究人才培养。
② 钱乘旦、胡莉:《区域与国别研究视野下的"欧洲研究"——关于欧洲研究发展方向的讨论》,载《欧洲研究》2020年第4期,第150页。
③ 罗林、邵玉琢:《"一带一路"视域下国别和区域研究的大国学科体系建构》,载《新疆师范大学学报(哲学社会科学版)》2018年第6期,第86页。
④ 李晨阳:《关于新时代中国特色国别与区域研究范式的思考》,载《世界经济与政治》2019年第10期,第151页。

言、文学、文化等领域的授课能力，能帮助习得者较为系统地掌握对象国的历史文化知识（虽然在深度方面尚不尽如人意），并有助于习得者对对象国国民的思维特征有所了解。而这也构成国别和区域研究人才应该具备的必要条件。

第三，交往优势。外语专业的习得者大多有机会接触对象国的人士，有的还能直接通过各种渠道赴对象国学习。这种国际交往的优势为习得者认知对象国的风土人情提供了宝贵的直接经验，正所谓"百闻不如一见"，且避免了间接经验（如二手文献）中存在的知识错误甚至是价值陷阱。

当然，外语专业在国别和区域研究人才培养方面也存在多个不足，譬如师资外语背景浓而跨学科背景弱，教学方式灌输式强而启发式弱，研究性教学不足，难以培养学生的问题意识，尤其是对现实问题的关怀不足。下面聚焦外语专业在国别和区域研究人才培养方面的教材问题。

三、现有外语专业教材是否适应国别和区域研究人才培养的需要

教材资源本应是人才培养尤其是本科人才培养的一个落脚点①，却构成当前外语专业培养国别和区域研究人才所面临的一个巨大"痛点"。一项对项目依托国别和区域研究课程教学的调查发现，有学生反映"老师上课没有教材，有的时候发一些论文给我们看，比较零散"等问题。② 教材缺乏会导致国别和区域研究人才培养无据可依，因此需引起国内外语界的高度重视。

现有的各外语专业的教材可以分为如下两大类：一类是语言类教材，包括精读、泛读、报刊阅读、语法、会话、视听说、翻译、写作等，这类教材是外语专业的主流教材，也是适应了相应的课程设置需要，旨在夯实外语习得者听说读写译等五项能力。第二类教材是领域类教材，主要包括文学类、语言学类、翻译学类和概况类教材，满足习得者在文学、语言学、翻译学和对象国历史文化等几个领域的较为深入的认知需求，这类教材也可称为功能性教材，可以对应外国语言文学学科的多个研究方向。

上述的外语专业教材基本不能适应国别和区域研究人才的培养需要，主要体现在如下几点：

第一，对象国国情类教材占比极少。如外国概况类教材，常常涉及对象国的历史文化常识，也会涉及一点现实的国情，这类教材因应了国情类课程设置的需

---

① 陈杰：《国别区域人才培养视角下阿语本科教材体系拓展的思考》，载《当代阿拉伯研究——阿拉伯语语言文学学科发展与课程建设专辑》，北京师范大学出版社2018年版，第11页。

② 常俊跃、刘扬：《基于CIPP评价模式的项目依托区域国别研究课程评价研究》，载《外语研究》2020年第3期，第57页。

求，能满足一定的国别和区域研究人才培养所需要的知识供给，但由于国情类课程占比极少，通常在本科期间仅有一两门，所以相应的教材供给也较少。

第二，双边关系类和中国国情类教材几乎空白。作为服务中国对外战略推进需要的国别和区域研究人才，需要知己知彼，因此，有必要在本科阶段设置一定的中国国情类课程，辅以配套的中国国情教材。当然，中国国情教材应该是以对象国语言撰写的。此外，英语等通用外语专业中有时会有中外关系类课程，并有相应教材配套，但对应非通用语言专业来说，鲜有同样的课程设置和配套教材，或仅有课程设置，但无配套教材。

第三，现有的外语专业教材没能及时反映国家的最新教育政策意图。譬如就课程思政而言，2019年3月，习近平主持召开学校思想政治理论课教师座谈会并发表重要讲话，指出"要坚持显性教育和隐性教育相统一，挖掘其他课程和教学方式中蕴含的思想政治教育资源，实现全员全程全方位育人"。[①] 课程思政作为隐性思政教育的主流路径，成为国家育人的基本政策。但由于当前的外语专业教材尤其是全国通用的外语教材编写年份绝大多数在此之前，所以没能及时反映这一政策意图。

四、面向国别和区域研究人才培养的教材设计原则

外语专业开展国别和区域研究人才培养，需要体系性的教材作为支撑。这里囿于篇幅，仅仅阐述一些基本的教材设计原则。

第一，在内容选择上，要改变传统教材编写对语言文学文化内容的偏重，升级为语言文化内容与国别区域内容并重且相融合。也就是说，教材要善于"用外国语言讲好国别区域的事"。

第二，在主体设计上，要改变词汇—语法—语篇的板块设计模式，升级为国别区域语篇为主的设计模式。传统的外语教材侧重于语言不同层次的板块型设计，词汇、语法、语篇等不同板块间界限清晰。面向国别和区域研究人才培养的教材，应该凸显国别区域语篇的作用，而将词汇、语法融于语篇之中，实现教材"用外语语篇讲好国别区域的事"。

第三，在配套练习上，要改变对语言输入输出的偏重，升级为语言输入输出与国别区域内容导入导出相结合的模式。国别区域教材的练习实践不再是语言层面的练习，而是国别和区域研究层面的练习，如培养学生面向特定目的的检索能

[①] 《习近平：用新时代中国特色社会主义思想铸魂育人　贯彻党的教育方针落实立德树人根本任务》，http://china.cnr.cn/news/20190319/t20190319_524547347_1.shtml。

力、启发学生的问题意识等。从单元主体进入配套练习,就是从语言输入和国别区域内容导入的阶段转换成语言输出和国别区域内容导出的阶段,实现习得者自己"用外国语言讲好区域国别的事"。

第四,在育人思想上,要改变传统教材对外国语言文学知识传授的偏重,升级为外国语言文学知识育人、国别区域知识育人与思政育人相结合的模式。将育人作为人才培养的旨归,因此,需要在教材编写中有机嵌入一定的思政元素,实现"用外国语言培育中国情怀"。

第五,在教材体系上,要改变教材和教材之间的整合是"语言能力拼图"的模式,升级为教材和教材之间的整合是"国别区域知识拼图"的模式。也就是说,传统的外语教材从不同的角度培养外语基本能力,但面向国别和区域研究人才培养,需要完成关于对象国的基本知识架构,在不同的国别区域教材间,需要一个相对完整的国别区域"基本知识链条"。

结语

国别和区域研究是大国特有的学科设置,是伴随大国成长过程中出现的,是为了满足大国海外利益、大国外交、大国全球战略需要而出现的。对中国而言,随着国际公共产品"一带一路"倡议不断得到沿线国家的响应,开展国别和区域研究和人才培养将为中国提供更丰富的全球知识体系和高端特色人才储备。为了有序地、结果可检验地培养国别和区域研究人才,需要外语界将目光投向教材编写这一人才培养的根本,否则,国别和区域研究人才培养难以实现高质量发展。

新形势下的外语类高校国别和区域研究人才培养

——以北京第二外国语学院中东学院为例

侯宇翔　李仁龙

摘　要：近年来，国别和区域研究逐渐成为外国语言文学学科的重要组成部分，也标志着具有中国特色的外语学科与国际问题研究交叉融合进入新的阶段。高校的国别和区域研究人才培养既顺应我国进入新时代所面临的国际体系转型的需求，也是高校探索在面对新形势下外语人才培养体系内涵扩展和深化的重要举措。本文从我国国别和区域研究的政策背景入手，以北京第二外国语学院国别和区域研究顶层设计为切入口，着重分析北二外中东学院国别和区域研究人才培养体系建设的优势和不足，从而为我国高等教育中国国别和区域研究人才培养提供素材借鉴。

关键词：外国语言文学，国别和区域研究，人才培养，新文科建设

作者简介：侯宇翔，副教授，北京第二外国语学院中东学院院长；李仁龙，讲师，北京第二外国语学院中东学院讲师。

近年来，国际社会迎来百年未有之大变局。当前，"新冠肺炎疫情全球大流行使这个大变局加速变化，保护主义、单边主义上升，世界经济低迷，全球产业链供应链因非经济因素而面临冲击，国际经济、科技、文化、安全、政治等格局都在发生深刻调整，世界进入动荡变革期"。[①] 国别和区域研究虽然具有较早的研究历史和较强西方化的概念界定，但对于中国学术界而言，重新界定和大力支持中国国别和区域研究是中国把握新时代国际社会及其形势变化、形成较为深刻理解的重要举措。与此同时，国别和区域研究的人才培养体系尚未完善，基于政治学、历史学等学科的国际问题研究具有较强的传统优势，且成果丰硕，但也存在一定的知识局限和能力瓶颈。因此，如何在外国语言文学学科内推动国别和区域研究方向建设及其人才培养，如何建立更加完善的、多元化的国别和区域研究

---

① 2020年9月11日，习近平总书记在科学家座谈会上的讲话。

与应用人才培养体系,已然成为高等教育外语学科的重要命题。

一、大国的宏观叙事:国别和区域研究

"国别和区域研究是一种以实体研究对象为核心,以满足国家对外交往需求为目标,集中现有学科体系内人文社会科学的研究力量对海外知识进行发掘梳理和组织整合的方式。国别和区域研究学科内部架构是以研究实体对象为基础的对各学科的综合,跨学科和交叉性是区别于其他人文社会科学的根本性特征,也是为大国外交提供智力支持的内在要求。国别和区域研究首要解决的是对现有知识体系中尚不存在的、以海外国家和地区为实体对象的知识领域的问题,需要全部学科的地区整合。"[1] 西方的国别与区域研究主要源于西方殖民者对全球的殖民活动需求,主要是为英法等国在亚非国家开展的殖民掠夺服务。"二战"以后,美国的国别和区域研究开始兴盛起来,主要集中在其对全球战略部署可能性和操作体系合理性的研究,其主要目的是基于对"冷战"时期及"冷战"以后美国推动其成为全球霸主的需求。[2] 因此,国别和区域研究是一门大国之学,是积极参与国际事务、扩大国际影响力的体现,是增进民心相通、实现美美与共的重要基础。国别和区域研究是一门融合之学,是外国语言文学学科转型的新突破,是落实"新文科"建设的有力抓手。

中国国别和区域研究虽起步晚,但起点高,进展快。我国早期的国别和区域研究在历史学、政治学等学科得到了较大发展。2011 年,教育部正式启动高校国别和区域研究工作。2013 年,国务院学位委员会发布的《学位授予和人才培养一级学科简介》,首次把"国别和区域研究"纳入外国语言文学一级学科。2018 年颁布的《外国语言文学类教学质量国家标准》(以下简称《标准》)指出,"外国语言文学类专业的学科基础包含国别与区域研究。《标准》是外语类本科专业准入、建设和评价的依据"。各高等学校外语类专业应根据标准制定适应社会发展需要、体现本校定位和办学特色的培养方案。此版《标准》与之前最大的区别是,新增加"国别与区域研究"专业,并明确指出,该外语类专业的特点是"跨学科"。《标准》规定,外语类专业培养目标强调,"外语类专业旨在培养具有良好综合素质,适应我国对外交流、国家与地方经济社会发展、各类

---

[1] 罗林、邵玉琢:《国别和区域研究须打破学科壁垒的束缚》,载《国别和区域研究》2019 年第 1 期,第 148 页。

[2] 参见李晨阳:《关于新时代中国特色国别与区域研究范式的思考》,载《世界经济与政治》2019 年第 10 期,第 146 页;参见任晓:《再论区域国别研究》,载《世界经济与政治》2019 年第 1 期,第 64 - 65 页。

涉外行业、外语教育与学术研究需要的各外语语种专业人才和复合型外语人才"。在知识要求方面强调，外语类专业学生应"掌握外国语言知识、区域与国别知识，熟悉外国语言文化知识，了解相关专业知识以及人文社会科学与自然科学基础知识，形成跨学科知识结构，体现专业特色"。依据上述标准，"国别与区域研究"成为我国高校外国语言文学一级学科下的二级学科。2019年，教育部启动"六卓越一拔尖"2.0计划，全面推动新文科建设。新文科建设丰富了国别和区域研究的内涵与路径，使我国国别和区域研究处于重要的发展战略机遇期。

二、外语高校的学科生长：北京第二外国语学院的国别区域研究

我国高校在中央和教育部相关文件精神的指导下，围绕着咨政、启民、发声、育人的宗旨，积极主动开展国别和区域研究工作，在实践中探索高校智库建设的经验，逐渐呈现出较为鲜明的特色。高校在明确"服务于'一带一路'建设，服务于国家的国际交往与合作，服务于地方的社会经济发展"这个目标定位的前提下，根据国家和地方的需要，结合学校自身的实际，明确自己的定位和研究重点，力求扬长避短，做出特色，将国家需要与自身优势相结合。① 国别与区域研究作为外语学科内一个日趋稳定的领域方向，在丰富学科内涵的同时，与其他领域方向一道为外语人才培养提供着有力的支撑。本科阶段相关课程为外语专业学生构建科学合理的知识结构发挥着重要作用，实现语言与国情区情知识的有机结合，相辅相成；研究生人才培养有力促进高层次外语人才的多样化，实现了既通晓外语又具有一定的专业知识和能力的复合型人才培养，进一步增强了外语学科服务保障国家人才需求的能力。以人才培养为牵引的国别与区域相关科研活动既能够有效反哺教学，确保外语人才培养的质量水平，又能够直面现实问题，与其他学科国别与区域研究形成互补，更好地为国家对外战略的决策与实施提供智力服务。② 一方面，高校的国别和区域研究为高校教师搭建了一个全新的研究平台；另一方面，国别与区域研究也为学生培养开辟了新的领域，不少高校在课程设置中增添了国别和区域研究方向。一些高校还专门招收国别和区域研究方向的硕士生和博士生。③ 外语学科国别与区域研究教学科研人员擅长对外沟通和国际交流合作，在各类议题的国际学术交流平台上尤为活跃，是一支重要的公共外交力量，在我国日益接近国际舞台中央的当下，在对外讲好中国故事、塑造中国

---

① 参见周烈：《高校智库助力国别和区域研究》，载《中国社会科学报》2019年6月6日，第2版。
② 参见李志东：《外语学科国别与区域研究：发展与挑战》，载《外语学刊》2021第1期，第62-63页。
③ 参见周烈：《高校智库助力国别和区域研究》，载《中国社会科学报》2019年6月6日，第2版。

形象、宣传中国主张、推广国际公共产品等方面发挥着特殊作用。①

北京第二外国语学院（以下简称"北二外"）是国内较早开展国别和区域研究的高校。2012年，教育部国际司委托北二外承办国别和区域研究专家委员会秘书处。同时，北二外承担教育部"中非高校20+20合作计划"、中阿旅游合作论坛、中阿学者交流对话会等国家级论坛组织承办职能。北二外的国别和区域研究优势体现在开设26个语种专业，对所授语言对象国特别是"一带一路"沿线国各领域状况有深入了解。目前，北二外的国别和区域研究已基本形成了以下鲜明特点：

1. 以鲜明区域特色为导向的教学格局建设

高校内部实体性组织结构包括学科结构和管理结构两部分。前者指院系和学科设置，是大学的核心结构；后者指高校内部行政和服务部门、党团组织及其相互关系，其职能是调动配置校内外各类资源为学术活动提供服务和保障。② 2018年，北二外进行二级学院机构改革，是北二外根据高等教育新形势进行的"学院制"改革。"学院制"改革就是高等学校将现有的教学、科研机构按照学科群、③ 大学科门类或一级学科进行重组，④ 建立校、院、系三级管理，以院级管理为主的教学科研体系。⑤ 高校下放教学、科研管理权、人事权、财务权，使重组的学院成为拥有一定权力和职责的办学实体。实行"学院制"改革后，学校成为"决策中心"，学院成为"管理中心"，学系成为"质量中心"。⑥

此次机构改革中，北二外将原有的"语言学院"调整为具有鲜明特色的"区域学院"，如欧洲学院、亚洲学院、中东学院等，与精简效能要求内在一致。精简效能是组织设计的目标。精简是指保障正常开展工作的前提下，高校所设立的机构应尽可能地少，专业的管理队伍也相应地精干。效能则意味着管理者有效地实现高校管理目标。⑦ 本次具有"国别和区域"特色的改革是北二外进行学科整合和建设的重要举措，使各二级学院能够更好地从事国别和区域问题研究和相

---

① 参见李志东：《外语学科国别与区域研究：发展与挑战》，载《外语学刊》2021第1期，第63页。
② 参见刘继安、康宁、高众等：《改革开放以来我国高校内部管理机构设置变迁及制度逻辑》，载《北京大学教育评论》2019年第4期，第124页；康宁、阎凤桥：《中国大学管理结构变化实证分析》，载《高等教育研究》，2004年第5期，第36—41页。
③ 参见李泽彧、陈昊：《关于我国大学学院制的若干思考》，载《江苏高教》2002年第5期，第20页。
④ 参见俞建伟：《学院制中学院的内部管理体制》，载《江苏高教》2001年第1期，第63页。
⑤ 参见黄祥林：《"学院制"改革与高校内部教学科研机构重组》，载《延安大学学报（社会科学版）》2004年第3期，第119页。
⑥ 参见俞建伟：《学院制中学院的内部管理体制》，载《江苏高教》2001年第1期，第64页。
⑦ 参见卢威、邱法宗：《论高校管理机构的"大部制"改革》，载《国家教育行政学院学报》2011年第3期，第60页。

关语言教学，更好地为国别和区域研究优秀人才培养提供支撑。

2. 以研究基地和备案中心为引领的智库矩阵建设

党的十八届三中全会明确提出，"加强中国特色新型智库建设，建立健全决策咨询制度"。之后，国家相继出台《关于加强中国特色新型智库建设的意见》和《国家高端智库建设试点工作方案》，十九大报告中再次将建设中国特色新型智库提到战略高度。这些文件的出台是基于"完善国家治理体系，提升国家治理能力"的迫切需要所做出的战略部署。自此，我国智库发展进入快车道。中国智库的产生和演进根植于中国特色的成长环境。基于此，中国智库主要分为党政部门智库、社会科学院智库、科研院所智库、党校行政学院智库、高校智库和民间智库等。① 其中，由于其多学科优势和人才集聚特点，高校智库在为党和政府科学决策提供高水平智力支持中发挥了独特作用。②

我国教育部于 2014 年发布《中国特色新型高校智库建设推进计划》，明确指出，高校智库承载着战略研究、政策建言、人才培养、舆论引导、公共外交的重要功能。北二外引导和推动智库开展前瞻性、针对性、储备性研究，提出专业化、建设性、实用性的政策建议，推动其向"首都急需、特色鲜明、制度创新、引领发展"的首都高端智库升级；同时加深学术平台的国际合作，充分对接国际学术资源，推动学术机构扎实发展。③ 北二外智库矩阵以阿拉伯研究中心为引领，以中东欧研究中心、丹麦研究中心等其他七个教育部国别和区域备案研究中心为支撑，形成我校国别区域研究的基本智库格局。并以此为平台，集中研究力量，明确研究对象，以语言为优势，进行跨学科深入研究，构建关于对象国或对象地区的知识体系。北二外智库矩阵从中国的国情出发，充分发挥我校在学科专业、人才队伍、学术积累、对外交流的独特优势，为政策制定提供理论指导，搭建知识与政策的桥梁，也在培养复合型智库人才、引导社会舆论、开展中外人文交流方面承担着相应责任。

3. 以专业科研机构群为系统的支撑体系建设

高校科研机构群在知识、人才、智库、资源和文化等维度具有不可比拟的突

---

① 参见上海社会科学院智库研究中心项目组、李凌：《中国智库影响力的实证研究与政策建议》，载《社会科学》2014 年第 4 期，第 4 页。
② 参见徐菲：《我国高校智库建设的现实困境与路径转型——基于"中国智库索引"数据的分析》，载《智库理论与实践》2020 第 6 期，第 54 页。
③ 参见顾晓园：《秉承中外人文交流使命，服务国家战略和首都发展》，《北京教育（高教）》2020 年第 10 期，第 19 页。

出优势。① 如今，我国高校科研机构逐渐成为全球高等教育和学术科研的重要力量，具备了引领创新发展和推动社会进步的雄厚实力。②

北二外除了标准的国别和区域研究中心以外，还建设有中国"一带一路"战略研究院、首都文化和旅游发展研究院、中国文化和旅游产业研究院等省部级科研基地，立足于国家"一带一路"倡议和首都国际交往中心建设，发挥学科优势，强化交叉融合，积极参与"一带一路"建设、公共政策翻译、对外文化传播等领域创新特色研究和高层次交叉人才培养，为国别和区域研究提供源源不断的有效支撑。学校的专业科研机构群紧密围绕、全面聚焦、精准服务首都发展和国家战略，着力开展科研提升重点计划。同时强化优势特色的顶层设计，打造符合主流学科规范、科研特色鲜明、具有全国领先地位、高水平标志性成果突出的学术高地；引导科研指向性发展，凝聚学术团队、突出研究特色、彰显学术声誉，集中产出高度契合国家发展战略、北京城市功能建设需要的高水平学术成果，构建具有鲜明北二外特色的新的学术增长极。③

4. 以服务国家战略和首都发展为目标的人才格局建设

学界普遍把社会服务和教学、科研一起作为高校的基本职能，这容易把社会服务和教学、科研人为地割裂，把教学、科研排斥在社会服务之外。事实上，教学与科研本身就是高校社会服务的重要形式，也是高校进行社会服务的基础。④"社会服务是高等学校的派生功能，与教学功能和科研功能有着一定的派生关系，是教学和科研功能的延伸。"⑤ 社会服务建立了高校联系外部世界的窗口，为人才培养和科学研究指明方向，是促进教学和科研发展的重要途径。教学与科研是社会服务的基础和依归，是源；社会服务是教学和科研的延伸和指向，是流。⑥

北二外主动作为，专门研究制订了《全面服务北京国际交往中心行动计划》（以下简称《行动计划》），集中全校力量提供多元化、定制化、高聚焦的人才和智力支持。围绕《行动计划》的特色化社会服务、智库研究服务、高精人才培

---

① 参见何宁：《发挥高校科技优势服务区域经济社会发展》，载《中国高等教育》2014年第21期，第38页。
② 参见李诗靓、周凯：《新时代高校科研院所助推区域发展路径思考》，载《改革与开放》2020年第16期，第11页。
③ 参见顾晓园：《秉承中外人文交流使命，服务国家战略和首都发展》，载《北京教育（高教）》2020年第10期，第19页。
④ 参见刘炯天：《新时代高校服务国家战略和区域经济社会发展的思考》，载《中国高教研究》2018年第4期，第9页。
⑤ 参见朱国仁：《高等学校职能论》，黑龙江教育出版社1999年版，第56页。
⑥ 参见刘炯天：《新时代高校服务国家战略和区域经济社会发展的思考》，载《中国高教研究》2018年第4期，第9页。

育"三大计划"、16 大任务同时推进开展工作,主动对接服务北京市委办局,全方位拓展与市属企事业单位的战略合作,积极推动北京国际交往中心功能建设。① 学校将国别区域研究(中外人文交流)作为外国语言文学学科人才培养的重要方向。坚持以高水平成果支撑、高水平运营操作、高资政和高成果转化为培养特色,坚持以人才为中心、以问题为导向,建立以语言为基础、多学科交叉融合的国别和区域人才培养体系。

三、微观探索:北二外中东学院的国别和区域研究人才培养

本文所涉及的案例是北二外中东学院(以下简称中东学院)。其于 2018 年成立,前身为 1964 年设立的阿拉伯语专业。中东学院具有较强的研究对象适用性,主要表现在三个方面:其一,具有较长时间的办学历史,人才培养具有一定规模。中东学院阿拉伯语专业是教育部最早确定的 7 个阿拉伯语专业教学单位之一,是"双万计划"首批国家级一流专业、首批国家级特色专业。1964 年以来,培养了近 2000 名毕业生。其二,人才培养和就业类型多为国别和区域研究战线的专门岗位,具有适切性。中东学院是首批教育部国别和区域研究培育基地阿拉伯研究中心的依托单位,旨在培养符合国家各领域发展需求的高素质复合型人才,是国内汉语—中东语种高级翻译和国别区域研究优势突出的人才培养基地。因此,中东学院的毕业生主要活跃在外事、外交和外贸战线上,其中包括 7 位共和国大使。其三,其人才培养的语种范围全面、培养层次完善,具有一定的代表性。中东学院现有四个专业,分别是阿拉伯语、波斯语、土耳其语和希伯来语,中东地区主权语种全覆盖。此外,中东学院国别和区域研究人才培养方向贯穿本科、硕士研究生和联合培养博士研究生三个办学层次。

1. 以国别和区域研究的知识体系为内涵,改革和完善培养方案

人才培养方案是学校依据国家对高等学校人才培养的有关要求,按专业对学生培养做出整体设计和规划的教学指导文件,是人才培养的蓝图和总体设计,是学校组织一切教学活动和从事教学管理的主要依据,反映了学校人才培养工作的整体思路,涉及人才培养的指导思想、基本原则、培养目标、课程体系和教学安排等,是一所学校教学思想和教学理念的集中体现。② 简而言之,人才培养方案

---

① 参见顾晓园:《秉承中外人文交流使命,服务国家战略和首都发展》,载《北京教育(高教)》2020 年第 10 期,第 19 页。
② 参见孙振国、段先华:《构建新的人才培养方案 努力提高人才培养质量》,载《中国大学教学》2004 年第 11 期,第 47 页。

主要是指对培养过程的设计、建构与管理。① 在高校,为保证对学生培养的针对性和适应性,定期对人才培养方案修订和校正是高校教学管理工作的重要内容之一。特别是在我国高等教育快速发展的新时期,越来越多的学者、教育工作者面对高等教育不同发展阶段的特点和规律,开始深度思考、探索高等教育领域出现的新情况和新问题,并深刻地意识到人才培养方案修订工作对高等院校人才培养的重要性。②

第一,建设高水平的国别和区域研究,就必须构建高水平的国别区域学高端研究人才培养体系。但具有较好人才培养条件的单位较少,因此,中东学院在招生上主要是保持并扩大高质量的本科生招生规模。其中,阿拉伯语专业从2020年起分"人文交流""中东外交""旅游休闲"三个方向实现人才培养的分向发力。研究生培养方面,自主设置"国别与区域研究"自设二级学科硕士点,旨在培养德、智、体、美、劳全面发展,既具有扎实语言基础知识,又能熟练运用外语从事外交、安全、经贸、新闻、文化、教育与科研等领域工作,兼具国际视野和中国情怀的复合型、国际化、应用型人才。

第二,谨慎而大胆地改革培养方案,积极推动国别和区域研究的知识体系建设。课程体系是高等学校人才培养的主要载体,是教育思想和教育观念付诸实践的桥梁。③ 系统科学认为,事物的结构是事物功能赖以存在的条件和形式,没有特定的结构,就无法产生特定的功能。④ 课程体系作为一个系统也是如此。课程结构是课程目标转化为教育成果的纽带,在课程体系的设计中发挥着承上启下的作用。一个合理优化的课程结构可以形成课程合力,能够最大限度地发挥课程体系的整体功能,实现课程体系目标。⑤ 如果说高校人才培养目标只是对受教育者的知识、能力和素质方面提出的理想预期,反映教育的应然要求,那么,课程体系则在很大程度上决定了受教育者所能呈现的知识、能力和素质结构,决定了教育理想能否成为教育现实。因此,课程体系的构建问题是大学教育的核心问题。⑥

中东学院以国别和区域研究的知识体系为内涵,推动本科教学改革,尤其是改革和完善培养方案。在新版本科生培养方案中(参见表1),中东学院既保留

---

① 参见董泽芳:《高校人才培养模式的概念界定与要素解析》,载《大学教育科学》2012年第3期,第30页。
② 参见杨彦勤、李宗利:《高校本科人才培养方案修订工作的思考》,载《黑龙江教育(高教研究与评估)》2014年第10期,第54-56页。
③ 参见崔颖:《高校课程体系的构建研究》,载《高教探索》2009年第3期,第88页。
④ 参见姜凤春:《中美研究型大学本科课程结构比较研究》,载《中国高教研究》2008年第6期,第45页。
⑤ 同③。
⑥ 同③。

了语言知识和技能基础课的绝对比重，也完成了24项国别和区域研究系列课程建设工作。其中，学院通开课程2门：中东概论、中东史；阿拉伯语专业开设10门，包括阿拉伯－伊斯兰文化概论、阿拉伯语导论、中东政党与政治、中阿文化比较、阿拉伯经济与社会、阿拉伯文学、阿拉伯热点问题、中阿人文交流、中阿国情与文化、阿拉伯艺术；波斯语专业开设4门，包括波斯文学史、伊朗思想史、伊朗政治、中伊文化比较；土耳其语专业开设4门，包括土耳其民俗Ⅰ、土耳其民俗Ⅱ、土耳其文学史Ⅰ、土耳其文学史Ⅱ；希伯来语专业开设4门，包括希伯来文学史、以色列现代史、中以文化比较、以色列外交。

表1　阿拉伯语专业课程导继关系

模块	先导后继关系
语言技能模块	初级阿语Ⅰ（8）→初级阿语Ⅱ（8）→中级阿语Ⅰ（8）→中级阿语Ⅱ（8）→高级阿语Ⅰ（4）→高级阿语Ⅱ（4）
	初级视听Ⅰ（2）→初级视听Ⅱ（2）→中级视听Ⅰ（2）→中级视听Ⅱ（2）→高级视听Ⅰ（2）→高级视听Ⅱ（2）
	初级口语Ⅰ（2）→初级口语Ⅱ（2）→中级口语Ⅰ（2）→中级口语Ⅱ（2）→高级口语（1）→阿拉伯语方言（2）
	初级阅读（2）→中级阅读Ⅰ（2）→中级阅读Ⅱ→（2）时事导读（2）→时事研读（2）→名著研读（2）→名著研读（2）阿语词法（2）→阿语句法（2）
	阿语书法（1）→阿语写作（2）
	口译1（外交）（2）→口译2（经贸）（2）→口译2（文化）（1）→笔译1（外交）（2）→笔译2（经贸）（2）→笔译2（文化）（1）
对象认知模块	文化线：国别和区域研究4（阿拉伯语导论）（2）→国别和区域研究8（阿拉伯文学）（3）→国别和区域研究12（阿拉伯艺术）（2） 社会线：国别和区域研究1（阿拉伯国家概况）（2）→国别和区域研究2（阿拉伯历史）（3）→国别和区域研究3（阿拉伯－伊斯兰文化概论）（3）→国别和区域研究9（阿拉伯热点问题）（3）→国别和区域研究5→（中东政党与政治）（3）→国别和区域研究7（阿拉伯经济与社会）（2）
比较研究模块	国别和区域研究6（中阿文化比较）（1）→国别和区域研究10（中阿人文交流）（2）→国别和区域研究11（中国国情与文化）（2）

第三，数字助力课程建设，积极转换疫情消极影响为慕课建设的积极动因。"慕课"（MOOCs）是大规模在线开放课程教育平台（Massive Open Online Courses）的简称，其本意为"大规模、开放性的在线课程"。① 2018年6月，教育部召开的新时代全国高校本科教育工作会议发布的《一流本科教育宣言》（"成都宣言"）指出：要充分利用现代信息技术，"加大慕课平台开放力度，打造更多精品慕课"，中国慕课建设面临着新的要求和发展机遇。2018年，教育部提出关于高等教育教学改革的一流课程"双万计划"，旨在鼓励教师对已建成的各级精品在线课程进行多模式应用，鼓励学生通过公共服务平台上丰富的在线课程进行多形式学习，以提升优质教育资源的推广应用水平，推动形成支持人人皆学、处处能学、时时可学的泛在化混合学习新环境。当前，各地各校都在积极开展线上线下混合式教学应用探索，努力打造线上线下混合式教学"金课"。②

中东学院在教育信息化发展语境下，在线教学、线上课程比重也大幅提升。目前，已经完成"大使看中东""国别和区域研究概论""中东概论"三门课程的在线课程教学资源建设，教学内容既包括适用于普遍性国别和区域研究的基本概念、科学方法、实证分析，也包括主要区域和国别研究的话题、技术路径和未来趋势。在教学和学习中，这三门课程包含了讲授、课堂互动、报告撰写、推荐阅读等授课环节。

2. 以改革教学组织和强化科研平台为突破，赋能教师科研，反哺人才培养

科研反哺教学，是指高校集中资源提升学校科研实力，并努力把科研优势转化为教学优势，从而促进学校提高教学质量。事实表明，科研反哺教学不仅在理论上说得通，在实践上也是可行的。学校科研实力的提升，既有利于吸引更优秀的教师和学生，也能提高他们的教学能力。③

中东学院以改革教学组织和强化科研平台为突破，建设一支跨专业、跨学科、跨领域、跨国别的教学研究队伍，对中东国家的政治、经济、文化等领域进行系统而深入的研究。中东学院下设国别区域学教研室，承担国别和区域研究专业方向的本科和硕士教学与研究工作。学院聘请原中东问题特使吴思科担任中东学院、中阿改革发展研究院名誉院长，聘请原驻伊朗大使郁红阳为学院特聘教授，成立郁红阳大使工作室。学院教师中，主要研究方向为国别和区域研究的共

---

① 参见张鸳远：《"慕课"（MOOCs）发展对我国高等教育的影响及其对策》，载《河北师范大学学报（教育科学版）》2014年第2期，第116页。
② 参见姚友明、郑州、李立新：《基于慕课的线上线下混合式教学课程建设、应用与效果评价研究》，载《中国教育信息化》2020年第8期，第86页。
③ 参见李俊杰：《科研反哺教学的合理性及地方高校因应策略》，载《教育研究》2012年第3期，第53页。

12人,其中,已获得国别和区域研究及相关方向博士学位的4人,在欧美国家攻读国别和区域研究及相关方向博士学位的2人,在国内攻读国别和区域研究及相关方向博士学位的3人。

中东学院通过夯实科研平台根基,赋能教师科研水平提升,反哺国别和区域研究人才培养。中东学院现与中阿改革发展研究院、教育部国别和区域研究基地阿拉伯研究中心合署办公。阿拉伯研究中心成立于2012年4月1日,是教育部正式批复的全国首批42家国别和区域研究培育基地之一,2015年12月获批为北二外实体教学和科研单位,同时成为教育部国别和区域研究专家委员会秘书处承办单位,协助开展国别和区域研究综合协调、组织学术评议、牵头信息建设等工作。2020年,中心入选中国智库索引(CTTI)来源智库。中心现有学术集刊《阿拉伯研究论丛》,并设有编辑部,每年出版两期,已出版10期,曾荣获"2020年度全国性优秀学术集刊奖",连续两年收录于CNI名录集刊,同时也入选南大CASB首批推荐集刊名单。学院将首批国别和区域研究基地阿拉伯研究中心、教育部国别和区域研究专家委员会秘书处、中非高校"20+20"合作承办单位等高端平台转换为学生提高国别区域研究素养和能力的课堂,有机整合"阿语专业(教学)、阿拉伯研究中心(科研)、中阿改革发展研究院(智库)"功能,全面服务国别和区域研究人才培养。中东学院成立以来,共召开10场大型国际学术研讨会,来访外籍学者200余人次,开展语言课堂与学术课堂转换平移100余学时,大学生创新创业研究课题立项20余项(其中国家级7项),覆盖率100%,学生为研讨会提供同声传译、交替传译500余小时。

3. 以在京主场外交和重大外事活动为抓手,激活师生实践,助力自我成长

北二外中东学院位于北京,北京是中国举办主场外交的重要城市,同时其也致力建设国际交往中心①。国际交往中心建设作为北京落实首都城市战略定位的重要内容,对于服务国家总体外交、实现高质量发展、推进区域协同创新、建设世界级城市群具有重要支撑作用。② 因此,作为北京市属高校的二级学院,中东学院积极服务"一带一路"建设,发挥学术作用和影响,致力于服务北京"国际交往中心"的建设任务。近年来,中东学院主动实现两个转化,即人才培养过程向志愿服务与实践转化、科学研究成果向咨政报告和政策建议转化。积极主动挖掘现有的国别和区域研究资源,推动教学科研致力于参与两项任务的建设,助推学生理论与实践相结合。近几年,直接或间接服务"一带一路"合作项目毕业生超过80%。积极参与教育援外工作,连续10年承担中非高校"20+20"建

---

① 《北京城市总体规划(2016—2035年)》首次提出将北京建设成为"国际交往中心"。
② 李军凯:《加快推进北京国际交往中心建设》,载《经济日报》2019年11月22日,第12版。

设工作,对口合作摩洛哥穆罕默德五世大学。在服务"走出去"战略方面,学院教师参与中华学术外译、经典互译等工程20余项。参与完成了《习近平谈治国理政》、十八大和十九大报告、修订的《中国共产党章程》、"70年辉煌成就"等重大外宣工作;通过自建孔子学院培养5000余名摩洛哥汉语学习者,并建设成全球示范孔子学院。在服务北京国际交往中心定位,助力首都功能建设方面,学院承办或协办在京举办主场会议30余场,参与服务"一带一路"国际合作高峰论坛、中非合作论坛等主场外交活动,近三年师生共同为国家领导人提供翻译服务40余次,志愿服务21次,合计服务3万小时。学院常年开展"阿拉伯媒体眼中的北京"舆情检测项目,获上级批示6次;提供首都主场活动翻译与志愿服务;参与主流媒体北京文化外宣工作;助力北京—多哈/开罗国际友城建设服务,还积极探索为冬奥会提供翻译和智力支持。

四、评估与展望

近十年的理论学习和实践探索,中东学院作为较早开展国别和区域研究的高校二级教学单位,较好地完成了整体的国别区域研究特色凝练。主要表现在:一是基本完成了面向国别和区域适用的本科人才培养方向建设,即设立了三个描述明确的本科招生和培养方向;二是基本完成了独立招生的"国别和区域研究"自设二级交叉学科方向的设立,其中中东区域研究、阿拉伯国家研究、伊朗研究为国内实力较强的研究方向;三是基本完成了师资队伍国别区域教学、科研和咨政能力建设,现有的12名国别区域研究专长的教师基本掌握"三项技能";四是较好地实现了国别和区域研究基地反哺人才培养,实现了外语专业教学科研之间的互通融合。因此,可以说,中东学院的国别和区域人才培养实践一定程度上为外语专业的人才培养提供了鲜活素材和有益案例。

但是,中东学院在国别和区域研究人才培养过程中仍有较多困难和障碍。主要包括:一是外语学科与新兴交叉学科之间的彼此定位。外语专业的"本体论"和"工具论"讨论由来已久,国别和区域研究的学科地位及其与外语专业的定性关系的讨论和思考将长期持续,因此,其在一定程度上限制了人才培养的定位与目标。二是外语教学中的技能目标实现与国别和区域知识目标实现两者之间的结构比重分布具有较大差异,因此,如何平衡的问题,仍然没能在案例中找到较好的解决办法。尤其是本科教育中学分的科学构成、课程设置合理性、学生多元智能培养等方面,需要外语专业做更进一步的内涵提升。三是外语类高校普遍无法提供更为综合、跨学科的知识体系。外语类高校的学科和专业设置集中在人文社会科学中的文学、政治学,较少涉及国别和区域学研究必备的人类学、社会学、历史学、宗教和民族学等知识，一定程度上提高了人才培养的成本。

因此，从本文案例分析可以看出，国别和区域研究作为新文科建设的重要环节，是北京高校服务国家战略和首都功能的重要抓手，同时也是建设外语学科向度下学科体系的全新构塑和外语人才培养模式改革的重要领域。外语类高校只有基于发挥多语种优势的前提下才能寻找到新的增长点和特色优势。未来，外语类高校期待，就国别和区域研究及其人才培养而言，应继续加强一手资料、一线人脉和一线资源的"三个一"优势，致力于建设自我特色鲜明、服务育人目的明确的国别和区域研究基地，助推科学研究的基础和优势转化为人才培养效能。

从北京第二外国语学院阿拉伯历史课程建设窥探国别区域人才培养

李桂群

摘要：阿拉伯历史课程的建设发展与近年来我国国别区域学科的建设过程是密不可分的。从文化知识学习服务"语言学习"主体到语言工具服务问题研究，以阿拉伯历史为代表的国别区域研究类课程在人才培养中的地位和作用在不断提升。在"外语+"的教学途径下，培养具备跨文化交际、他者思维、跨地域实践经历、多元学科素养等能力的复合型国别区域人才正是新时代外语工作者的奋斗目标。

关键词：《阿拉伯历史》课程建设，国别区域人才培养路径

作者简介：李桂群，北京第二外国语学院中东学院教师，中国社会科学院大学世界历史系在读博士。

阿拉伯历史这门课在北京第二外国语学院阿拉伯语专业课程体系中可以说是一门传统课程，其建设发展过程不仅可以让我们窥探语言对象国社会文化类课程的建设情况，同时进一步折射出国别和区域人才培养的发展过程面临的难题。本文主要梳理 2012 年以来北京第二外国语学院阿拉伯历史这门课程的建设和发展情况，以此为基础分析当前国别区域人才培养过程中出现的问题，并提出个人意见，以供探讨。

一、阿拉伯历史课程建设发展过程

作为课程建设的参与者，我在此梳理 2012 年以来我校阿拉伯历史课程建设的主要过程，共分三个阶段。

一是语言素质培养主导下的阿拉伯历史课。2012 年至 2016 年，我们主要采用 2012 版人才培养方案。培养方案规定，该课程为 1 学分，供大三或大四年级学生选修。教学目的是让学生了解阿拉伯基本情况，在毕业后前往阿拉伯国家工作时对阿拉伯国家不要陌生。可以说，当时主要目标就是培养学生的语言能力。

二是国别区域课程体系下的阿拉伯历史。在 2016 班培养方案进行修订时，我们把课程体系分为两部分，一部分是语言技能课（即以基础阿拉伯语、中级阿拉伯语、高级阿拉伯语为主线的包含口语、听力、阅读、翻译等在内的语言类课程），一部分是国别和区域研究类课（包括阿拉伯国家概况、阿拉伯伊斯兰文化概论、中东政党与政治、中阿文化交流、阿拉伯热点问题等）。阿拉伯历史这门课程就隶属于国别和区域研究类课程中。其对应阶段为本科教学第二学期，基本目标为扩展学生阿拉伯文化知识、提高阿拉伯语言能力、增强学生对阿拉伯社会和国情的初步认知，简要内容为初步认知阿拉伯国家的基本地理概况、阿拉伯民族和宗教的基本历史状况、阿拉伯社会经济和政治生态，以及阿拉伯伊斯兰文化的基本内容等。

三是融合其他语种构建中东史。2018 年年底，学校进行机构改革，学院在原有的阿拉伯语专业基础上，增添了波斯语、土耳其语和希伯来语三个专业，建立中东学院。中东学院成立之后，我们强调融合发展，因此阿拉伯历史这门课也从面向阿拉伯语专业学生到面向全体中东学院学生，同时吸纳古代西亚北非史、伊朗史、土耳其史和以色列史，建立"中东史"这门课程。与之前的阿拉伯史相比，中东史学术视野更加宽阔，能够脱离阿拉伯既定思维，能让学生更加完整地了解中东的整个历史发展脉络，同时也能够让学生客观地正视阿拉伯国家和其他国家的互动过程。

二、课程建设中遇到的主要问题

从课程建设中我们可以看出，阿拉伯历史课越来越脱离"语言技能"，越来越走向"历史研究"。区域历史研究是国别区域研究的一个重要组成部分，对于学习语言文学专业的学生来说，传统的外语教学模式无法适应国别区域课程教学要求。在传统的外语教学过程中，一直强调培养所谓的听、说、读、写、译"五会"人才，即纯粹的语文工作者。包括语法、阅读、写作、文学、视听说在内的语言技能训练课程占据了学生本科阶段的大部分课时，而相关的区域国别知识型课程仅在高年级有限的课时中开设。一方面，这使语言学习与区域国别研究割裂开来；另一方面，忽视了国别区域知识的重要性。学生除语言外，对对象国或对象区域的综合能力提升受到限制，这种纯粹的培养语文工作者的教学模式不适用于国别区域人才培养。

再往深里探究就是我们的学科制度面临着挑战。当前，我国国别和区域研究并不是独立的一级学科，人才培养主要寄托于两个学科培养，一是外国语言文学学科，二是与国别和区域研究相关的国际关系学、国际政治学等学科。单纯地放在外国语言文学学科下，培养出的学生大多重语言轻人文；而单纯地放在政治学学科下，培养出的学生大多懂研究不懂对象国语言，无法做到"心灵互通"，同时学生对对象国的了解程度往往是单一的，比如聚焦于政治的人，对经济、文化、社会等其他方面的了解程度就弱得多。

三、解决路径

我们从阿拉伯历史课程的建设的个例以小见大，窥探整个国别区域研究体系的人才培养有所不妥。我们知道，学科知识交叉融合对于国别区域人才培养至关重要，因此，须强调多元化的学科知识与丰富的对象国实践。国别区域研究人才应具备跨文化交际、他者思维、跨地域实践经历、多元学科素养等能力，因此是一种复合型人才。

在人才培养过程中，一是要学科多元。"外语+"是一个重要的途径，掌握所研究对象国或对象区域的语言是首要的，也是重要的。语言是了解他者的一个十分重要的工具，也是拉近与他者距离的重要办法。单独的或者说纯粹的语言学习是不够的，对文化、历史、政治、社会等方面的总和了解是必须的，因此需要我们学习多方面的学科知识，我们的"外语+"不是机械意义上的"增加"，而是一种有机融合。只有这样，我们才能走进对方、了解对方、发现对方的问题、提出解决方法、形成经验为我所用。

二是要研究方法多样。国别区域人才要具备多学科研究方法，因此需要系统学习，这样才能科学、规范地开展研究。要让学生从方法论高度对定量研究与定性研究有较好的认识，从操作层面对问卷调查、数据处理与分析、田野调查、历史档案分析、访谈与观察等具体方法灵活运用。也要让学生体会国别和区域研究相比其他人文社科研究的特殊性，即我们注重的是"走进他们"，与此同时，我们注重"是什么"，而不是"应该怎样"。

三是应该具备实践经历与他者思维。前往研究国和地区进行一年及以上的实地调查与体验成为国别与区域研究人才培养必不可少的一个环节，这样能促使学生最大限度地获取背景性知识，突破自身原有的经验与价值观，深入理解他者文化。同时，这样也能获得一手材料，而获得一手材料正是我们国别区域研究的一大目的所在。

我们从对北京第二外国语学院阿拉伯历史课程建设过程的梳理来窥视国别区域人才培养中遇到的问题，并提出了个人意见。总的来看，纯粹的语文工作者式的培养模式是不符合国别和区域人才培养要求的。完善的、先进的国别和区域人才培养模式仍需探索，但是多学科素养、跨文化交际、他者思维应是国别和区域人才的基本素质。

师范类高校 "阿拉伯语+汉语国际教育" 人才培养模式合理性探索

宋佳柏

摘 要：自1998年教育部颁发了《关于外语专业面向21世纪本科教育改革若干意见》，"复合型"就已经成为外语人才培养的趋势。随着全球化进程的加快，新时代国家"一带一路"倡议和共建"人类命运共同体"理念的提出更是对阿语人才培养提出的新要求。本文首先分析"阿拉伯语+汉语国际教育"人才培养模式提出的时代背景，随后介绍该培养模式的拟课程设置，从国家战略、社会需求、专业要求与学习规律、学校特色、个人发展等方面对该人才培养模式的合理性进行探讨。

关键词：阿拉伯语人才培养，复合型，汉语国际教育

作者简介：宋佳柏，哈尔滨师范大学东语学院讲师。研究方向：阿拉伯文学、国别与区域研究。

当今社会经济、科技的高速发展与全球化进程的加速对外语专业提出了新的要求，单一的知识结构已经不能满足时代的需求，复合型人才培养模式已成为当下外语专业发展的趋势。阿拉伯语作为22个阿拉伯国家和联合国等多个国际组织的官方语言，全球使用人数众多，是具有战略意义的"关键语言"。在阿拉伯语人才培养方面，如何结合自身优势资源，规划具有特色的专业方向，培养"一带一路"倡议下中阿合作交流所需要的人才，是师范类高校调整培养方案时需要思考的问题。

一、时代背景

1. "一带一路"倡议和"人类命运共同体"理念

截至2020年9月13日，已同中国签订共建"一带一路"合作文件的144个国家中，包含22个阿拉伯国家，其中有：能源资源丰富的沙特阿拉伯、科威特，占据重要战略位置的埃及、叙利亚，中东地区的经济与金融中心阿拉伯联合酋长

国,急需战后重建的伊拉克、叙利亚,等。这意味着中阿之间存在着广阔的合作前景。随着中阿双方合作领域的日益多元以及合作层面的不断深化,对阿拉伯语人才所具备的能力也提出了新要求。

2013年习近平总书记提出,构建"丝绸之路经济带"要创新合作模式,加强"五通",即政策沟通、道路联通、贸易畅通、货币流通和民心相通。"语言相通"是"民心相通"的前提与保障,要求双向考虑交流双方的语言需求,进而推进双方文化、教育、经济、政治等多方面的平等交流与合作,实现双方多方面的互利共赢。

2. 社会发展对复合型外语人才的需求

随着全球化进程的加快和新科技革命的发展,培养跨文化、跨学科的"复合型"外语人才已成为当下外语人才培养的趋势。随着线上外语教育的蓬勃兴起,网络上外语学习资源的日益丰富以及人工智能与翻译软件的迅猛发展,毕业生仅仅掌握一门语言已不具备核心竞争力,所以很多高校根据社会需求,同时结合自身办学实际,积极创新,定位于复合型、技能型语言人才的培养,即采用"外语+",或者"+外语"的培养模式,如"外语+商务""外语+法律""外语+国际关系""复语型"人才培养模式等。

3.《高等院校外国语言文学类专业本科教学国家质量标准》和《普通高等学校本科阿拉伯语专业教学指南》(简称新《国标》《指南》)

2018年,教育部发布的新《国标》;2020年,《指南》出版。二者是阿拉伯语学科与专业建设的纲领性文件,汇聚了业内专家学者的智慧与经验,为阿拉伯语专业的建设与发展指出了基本原则、总体要求以及具体行动路线与解决方案。当前与今后一段时间,各高校阿拉伯语专业会以新《国标》和《指南》为指导,准确定位培养目标与毕业要求,规范课程体系建设以及学分、学时设置,夯实专业课程、注重能力培养,同时充分结合自身教育教学优势,突出本校学科建设特色,实现特色发展。

4. "汉语热"现象

随着综合国力的稳步提升,中国融入全球化进程的角色也发生了很大转变,逐渐由"引进来"发展为"走出去","被动融入"变为"主动引导"。伴随中外交流合作领域的扩展以及层面的不断深化,"汉语热"在全球兴起,阿拉伯国家积极响应"一带一路"倡议,纷纷同中国签订共建"一带一路"合作文件,对外贸易战略"向东看"意愿日增,纷纷通过颁布法令、政令等方式将汉语教学纳入国民教育体系。① 其中就包括海湾国家阿拉伯联合酋长国、沙特阿拉伯以及 2020 年 9 月刚刚将汉语纳入中小学教育体系的埃及。

二、课程设置

"阿拉伯语+汉语国际教育"是以阿拉伯语为主修学科，结合汉语国际教育技能培养的复合型培养模式，其课程设置如下表所示。

"阿拉伯语+汉语国际教育"培养模式课程设置

阿拉伯语专业课程	专业必修课	基础阿拉伯语	汉语国际教育方向课程	必修课	教育学原理
		阿拉伯语口语			教育心理学
		阿拉伯语视听			对外汉语教学法
		阿拉伯语阅读			教师职业道德
		阿拉伯语写作		选修课	现代汉语
		高级阿拉伯语			中华文化与传播
		阿拉伯国家国情			汉语国际推广专题
		学术论文写作			跨文化交际
		阿拉伯简史			语用学
	必修课/选修课	文学方向课程			汉语课堂教学案例分析与研究
		语言学方向课程			汉语作为第二语言教学
		比较文学与跨文化方向课程			现代教育技术应用
		翻译学方向课程			中华文化概要
		国别和区域研究方向课程			对外汉语教学概论

选择汉语国际教育为复合方向，主要根据以下三点考虑。首先，汉语为中华民族的本族语，经年学习与日常运用，早已成为学生最熟悉的学科。汉语国际教育属于中国语言文学类专业，学生对本族语言文化有较强的自学能力，但汉语国际教育相比汉语言文学学科更注重实践与应用，需要专业地学习。其次，近年来中国与阿拉伯国家间的经济、政治合作日益深入，文化交流也不断升温，多国将

---

① 廖静：《阿拉伯海湾地区的汉语教育政策变迁与汉语教育的发展》，载《云南师范大学学报》2019 年第 12 期。

汉语纳入国民教育体系，对汉语国际教师的需求逐年增加。第三，师范类高校汉语言文学专业与教育专业无论师资力量，还是线上、线下的教学资源都具有明显优势，能够保障开设汉语国际教育相关的多门教育类、语言类、文化类课程。

在阿拉伯语专业课程设置方面，应注意阿拉伯语与英语不同，是"零起点"外语专业，学生在进入大学前并无学习基础，因此低年级的课程设置，必须注重阿拉伯语基本功的培养，以新《国标》与《指南》为指导，合理规划基础阿拉伯语以及阿拉伯语阅读、视听、口语等课程的学时，通过高强度、高密度的阿拉伯语专业训练，夯实学生听、说、读、写等方面的语言基础。在高年级开设高级阿拉伯语、高级阿拉伯语视听以及文学方向、语言学方向、比较文学与跨文化方向、翻译学方向、国别区域研究等阿拉伯语专业方向课程旨在提升学生阿拉伯语语言水平，加深其对阿拉伯国家国情、风俗文化的了解。

考虑到学生在低年级处于打基础阶段，专业课程任务较重，教育类方向课与汉语国际教育类方向课大多集中于5、6、7三个学期。汉语国际教育类方向课的设置，并非平移汉语国际教育专业主干课程，避免发生学分、学时暴涨，超出学校培养方案制定要求的现象，而是通过大量调研，咨询相关人士如汉语国际教育专业教师和研究生、对外汉语培训机构或平台教师、孔子学院志愿者等，选取有代表性的理论与实操课程。高校在规划复合课程时，需要与中文学院、教育学院、国际交流学院开展跨专业、跨院系之间的合作，强化学生对"汉语国际教育"总体性的认识，培养其跨文化交际、教学能力。学生可以根据自身情况选修复合课程中的多门选修课以扩充知识储备，提高跨文化交际能力与教学实践能力。很多高校阿拉伯语专业会为三年级学生提供一学年赴阿拉伯国进行国际交流学习的机会，参加交流项目的同学可以通过学校的线上教学平台进行汉语国际教育相关课程的学习，完成复合课程的学习任务。

实习实践方面，师范类高校的国际交流教学资源可以就近为学生提供实践机会，避免教学过程中理论与实践的脱节。学生可以在日常实践活动中观摩校内国际交流学院对外汉语课程教学，并在实习期内实践课堂所学理论知识，做到学以致用，知行合一。

学生通过大学四年的学习，将具有"扎实的阿拉伯语基本功和专业知识与能力"、跨文化传播方面的基本知识、语言教学技能、家国情怀与国际视野，能够从事汉语国际教育、文化交流与合作等各种涉外工作。

三、合理性论证

1. 服务国家战略

"阿拉伯语+汉语国际教育"培养模式响应国家需求,服务国家战略,培养应用型阿拉伯语人才,有利于维护国家语言安全,"讲好中国故事,传播中国声音",提升中国国家形象与国际地位,为中国企业、技术、资金走出去奠定"民心相同"的基础。

习近平总书记2018年在全国宣传工作会议上强调:"要推进国际传播能力建设,讲好中国故事、传播中国声音,向世界展现真实、立体、全面的中国。"这是所有外语人共同的责任。顺利实现这一目标不仅需要我国外语人通过多领域交流、合作活动向世界介绍中国,更需要让母语非汉语者掌握汉语这一桥梁,亲身认识中国,感受中国。尤其在后疫情时代,使双方在中阿友好的历史基础上,进一步深化互信,为共同发展与繁荣夯实情感基础,提供智力支持,提高我国国家软实力和中华文化影响力。

2. 双向思考人才培养

语言不仅具有工具性,更是文化的载体。当下社会发展需要具有中国情怀与国际视野的复合型外语人才,作为中外文明交流桥梁的外语学习者不仅需要了解对象国语言、文化、国情,同时要注意本土人文知识的积累和文化素养的培养。"阿拉伯语+汉语国际教育"是外语教育"工具性"与"人文性"并重的培养模式,在提升学生阿拉伯语实际运用能力、加深其对阿拉伯国家国情文化了解的同时,注重本土人文知识的传承与发扬。新时期的阿语人才不再仅仅是语言的转换者,更是坚定文化自信、促进中阿文明交流互鉴的使者。

改革开放四十余年,外语专业建设取得了巨大发展,同时积累了大量宝贵的经验。文秋芳老师指出,"一带一路"语言人才培养应注意"双向思考",外语人才培养不仅要考虑"服务本土",还需同时思考如何"服务国际",而满足"一带一路"沿线国家学习汉语的需求就是当下亟待解决的问题。[①] 阿拉伯国家对掌握阿拉伯语的汉语国际教师有实际需求,沙特教育大臣哈马德、阿联酋教育部长侯赛因·哈马迪以及埃及国际合作部长拉尼娅·马沙特等阿拉伯教育合作高

---

① 文秋芳:《"一带一路"语言人才的培养》,载《语言战略研究》2016年第2期。

官在不同场合表示：将汉语纳入本国国民教育体系，有利于推动两国不断深化合作。① 随着中阿往来的日益密切，"一带一路"项目的落地，各领域合作的全面开展，阿拉伯国家对汉语国际教师的需求也会不断增加。

3. 符合专业要求与外语学习规律

该模式贯彻落实新《国标》和《指南》的原则和规定：坚持内涵发展、多元发展和创新发展。② 作为跨学科复合型培养模式，坚持阿拉伯语学科的主体性，以培养高素质的阿拉伯语专业人才为人才培养的重心。在课程设置方面，根据新《国标》和《指南》的要求，开设专业课程，保持阿拉伯语专业课程体系的完整性，为学生以阿拉伯语为跳板实现多元发展提供可能。尊重零起点外语学习的客观规律，即保障阿拉伯语专业教学的密度与强度，保证学生阿拉伯语专业能力的培养质量。

在此基础上，本模式为学生提供了汉语国际教育的复合方向，在高年级适当增加汉语国际教育方向的基础课程，虽然这些课学分有限，但鉴于学生对复合学科汉语国际教育相关知识的接受能力与基础积累，此培养模式具备一定的科学性。

4. 突显学校特色

师范类高校最突出的特色就是师范类课程资源丰富。在阿拉伯语专业人才培养方案修订过程中，如何将学校特色与阿拉伯语专业结合形成专业优势是必须认真思考的问题。面对阿拉伯国家对于汉语国际教师的需求，师范类高校可以结合自身优势（汉语言文学及教育相关专业为优势专业，可以提供大量中文类的选修课），以"汉语国际教育"为复合方向，调整课程设置，优化人才培养体系，突出特色，提升学生就业竞争力。

5. 促进个人发展

人才培养必须考虑学生的个人发展，为学生的未来就业做打算。"阿拉伯语+汉语国际教育"模式培养的学生在毕业后，如前往阿拉伯国家从事汉语国际教育工作，不仅专业对口，更可提升自身的外语水平和实际工作能力。回国后，毕业生在阿拉伯国家工作的经历，及其语言实际运用能力、跨文化交际能力、对所在国国情的了解等都会成为二次就业时的优势。

---

① 《哈马迪通过推特社交账号发起关于汉语教育的讨论》（阿拉伯语），今日阿联酋，https：//www.emaratalyoum.com/local-section/other/2019-07-29-1.1237442.2019-07-29。《中埃签署谅解备忘录，将中文纳入埃及中小学教育体系》，中央广电总台国际在线，http：//news.cri.cn/20200908/3c71fb48-1f72-78f0-3f69-8fa12a4ec091.html.2020-09-08。

② 教育部高等学校外国语言文学类专业教学指导委员会：《普通高等学校本科外国语言文学类专业教学指南》，外语教育与研究出版社2020年版。

四、总结

"阿拉伯语+汉语国际教育"人才培养模式对中国"走出去"战略与阿拉伯国家"引进来"现状进行了双向思考，回应社会发展对复合型阿拉伯语人才的需求，尊重零起点外语学习的客观规律，按照新《国标》与专业《指南》的要求规划阿拉伯语专业课程设置，保证阿拉伯语学科课程结构的完整性；该模式结合师范类高校自身的特色与优势，搭配以母语为基础的"汉语国际教育"作为复合培养方向，同时充分考虑学生个人发展需求，形成平衡国家战略、社会需求、专业要求、外语学习规律、学校特色、个人发展等诸多因素的培养模式。

该培养模式在具体落实过程中也会遇到一些困难，实操性和培养效果有待进一步论证。

第四部分
疫情防控背景下的阿拉伯语在线教学

云端教育新路程
——浙江工商大学东方语言与哲学学院阿拉伯语系疫情期间教学事务纪实

周玲

摘要：2020年年初新冠肺炎疫情袭来，浙江工商大学阿拉伯语系的各项教学活动转至线上。线上教学内容丰富，形式多样，质量过硬。在教学过程中，注重思政融入，服务社会。在全系师生共同努力下，疫情线上教学期间，阿拉伯语系各方面发展取得一定突破。

关键词：疫情，线上教学，思政教育，社会服务

作者简介：周玲，浙江工商大学东方语言与哲学学院特聘教授，阿拉伯语系主任，沙迦政府沙迦遗产研究院中国文化交流中心主任，浙江工商大学"一带一路"研究中心执行主任，中国阿联酋商贸文化促进研究中心主任，教育部高等学校外语类专业教学指导委员会阿拉伯语分委员会委员。阿联酋司法部注册译员，迪拜检察院、沙迦检察院、拉斯海马检察院、迪拜警察总局、迪拜经济发展局等政府部门特聘翻译。长期从事中阿文口译与笔译工作。

即使有再多的"毫无准备"的担忧和畏难情绪，面对疫情的再三滞留不退，2020年2月24日起，浙江工商大学东方语言与哲学学院阿拉伯语系（以下简称"阿语系"）师生对于云端线上教学从陌生到熟练到得心应手，教学工作走入稳步前行的轨道。全系师生以饱满的精神状态开启了内容丰富、形式多样、质量过硬的线上授课、线上学习、线上指导毕业论文等教育教学活动，实现"停课不停教、停课不停学"。阿语系在贯彻"做人、做事、做学问"的教学理念中，重视思政教学在先、专业学习不放松的态度，以积极主动服务社会的热情，化危为机，取得了一定成效。

一、思政教育方面

阿语系一直秉承思想品德全方位素质教育。2019年年末的寒假期间，教师们也未曾放松过和学生的互动，关注学生在寒假期间的心理、学习是否正常。尤

其是在春节前后，武汉疫情大暴发，阿语系在湖北的三位学生成为老师们关注的重点。老师及时和他们发微信、打电话，要求他们居家隔离。阿语系即时通讯群里发送提醒和有关防疫知识，要求学生在思想层面提高警惕。阿语系的公众号里，学生推送文章辟谣，揭露网络上妄图抹黑中国的阿拉伯语新闻和纪录片。

每次上网课，教师们要求学生提前5分钟打开上课群视频，利用这5分钟时间，和同学们聊聊居家学习生活，关心学生家人，督促学生强化自律精神，提高自主学习能力，将思政教育融入课堂。教师们不仅要介绍关于阿拉伯文的新冠肺炎疫情的新闻和防护知识，还指导学生识别阿拉伯语的不实新闻报道内容，提高外语学生的思辨能力。

2020年2月25日，大二年级基础阿拉伯语会话（3）三四节课上，笔者制定了名为"理性看网上新媒体视频，识别抹黑中国的行为"的对话课题目。

在课堂上，笔者播放了一个时长三分半钟的视频，视频作者在333个单词的字幕中表示，新冠肺炎疫情完全是中国人吃蛇、狗、猫、蝙蝠、老鼠、昆虫的结果。

在课前准备阶段，笔者将该视频发给学生，要求学生提前去看去思考视频中的内容，以备课时讨论。由于本课是对话口语课，师生要用阿拉伯语完成90分钟的课程。开课伊始，笔者就近来围绕新冠肺炎疫情的网络宣传，尤其是阿拉伯媒体的现状做简短的说明之后，播放了将要进行的课程讨论的视频。同时，抛出问题，引出讨论：视频中提出了什么观点？如何看待视频中所谓对新冠肺炎疫情做出的"真实原因"的分析？中国应该背负疫情罪魁祸首的"罪名"吗？

很遗憾，出于对内容的首次了解，以及受惯性思维的影响，最初五位发言的学生无不是在唯唯诺诺地说中国吃野味的陋习。学生对表面现象下的深层次理解并未达到笔者的要求。笔者果断制止了学生的发言，启发学生：关于此次新冠肺炎疫情的来源，到底有无定论？世界上是否还有别的吃野生动物的国家和族群？阿拉伯人是否真实了解中国的国情？在不了解中国国情的情况下，断然吆喝"让我们来到世界末日吧，只需要一个中国人的农场就够了"的口号是否是友好的？这是不是抹黑中国形象的行为？在接下来的课程中，学生们的情绪明显有了变化，他们认识到不是所有的阿拉伯语的宣传都是在赞美中国的。由于无知，由于对中国缺乏了解，才会有如此低级的"地球上所有的爬行动物，中国人都在吃"的论断产生。学生们的阿拉伯语的表达开始顺畅，因为有了想表达的欲望，口语表达才更加清晰有条理。课后，为鼓励学生继续深入探讨，笔者要求学生发表较为完整的观点，以录音的形式提交作业，最后笔者给出点评，并就语言和表达结构等方面提出建议。最后要求同学将视频翻译成中文后打成字幕，在公众号平台推出，对抹黑中国形象的外媒宣传勇敢说"不"！

二、专业教学方面

阿语系疫情期间课程表如下表所示。阿语系教学使用的工具和平台：浙江工商大学网络教学平台、学习通泛雅平台、钉钉视频会议、课堂派、微信班级群、QQ 班级群、微信小打卡（辅助工具）。教学形式为线上教学（直播+录播）形式。专业精读课均采取直播形式，全程录制课程，以便学习能力弱的学生二次听课，或是满足因掉线、家乡临时停电等意外情况而无法看直播的学生的再听要求。

阿语系疫情期间课程表

大一课程表					
节次	星期一	星期二	星期三	星期四	星期五
一二节	8：05－9：35	基础阿拉伯语（2）◆1－16周/周玲	基础阿拉伯语（2）◆1－16周/申十蕾,周玲（日语）,张羽	基础阿拉伯语（2）◆1－16周/张羽,申十蕾,周玲	基础阿拉伯语（2）◆1－16周/周玲（日语）,申十蕾,张羽	基础阿拉伯语（2）◆1－16周/张羽,周玲,申十蕾
三四节	9：50－11：25	阿拉伯语口语（1）◇1－16周/周玲（日语）,张羽	阿拉伯语视听（1）◆1－16周/张羽	基础阿拉伯语阅读◆1－16周/梁盼盼	—	—
其他课程：阿拉伯语戏剧排演实训◇张羽,申十蕾,姬鲁冰（共1周）/18周					

(续上表)

大二课程表						
节次		星期一	星期二	星期三	星期四	星期五
一二节	8:05－9:35	基础阿拉伯语（4）◆1－16周/姬鲁冰，梁盼盼	基础阿拉伯语（4）◆1－16周/姬鲁冰，梁盼盼	基础阿拉伯语（4）◆1－16周/姬鲁冰，梁盼盼	基础阿拉伯语（4）◆1－16周/姬鲁冰，梁盼盼	基础阿拉伯语（4）◆1－16周/姬鲁冰，梁盼盼
三四节	9:50－11:25	阿拉伯语写作（2）◆1－16周/归帆	基础阿拉伯语会话（3）◇1－15周/周玲	—	—	高级阿拉伯语听力（1）◇1－15周/张羽
其他课程：就业指导及模拟面试●归帆，申十蕾，梁盼盼（共1周）/18周						

大三课程表						
节次		星期一	星期二	星期三	星期四	星期五
一二节	8:05－9:35	高级阿拉伯语（2）◆1－16周/归帆	高级阿拉伯语写作（2）◆1－15周/归帆	—	—	—
三四节	9:50－11:25		高级阿拉伯语（2）◆1－16周/归帆	阿拉伯经济与中阿经济往来◆1－15周/姬鲁冰	阿汉互译（2）◆1－16周/张羽	旅游阿拉伯语（2）◆1－15周/梁盼盼
六七节	13:40－15:20	阿拉伯语论文写作指导◆1－15周/归帆，申十蕾	—	—	—	—

大四课表
大四主要为毕业实习、毕业论文课程。

注：◆理论　◇实验　●实习

具体课前、课中、课后的三个阶段的情况如下。

课前：第一，根据学校的要求，教师在每个教学周前在支付宝"教务叔"应用里填写下周每个课程的教学计划与内容，以及对教学的反馈。第二，通过超星学习通软件、钉钉文件、微信群、"课堂派"等，向学生发放预习材料与预习作业要求，要求学生课前完成预习作业并上传到相应的软件，老师进行课前批改，做到课前心中有底，以便在课堂上有针对性地侧重学生预习中出现的重难点。第三，准备更加充足细致全面的课件，起到让学生清晰了解本周所学任务、所学重点的作用。由于线上课堂提问和互动会有延时，教师在备课件的时候也会把学生的候答时间和思考时间算进去。第四，网络教学面临最大困难的课程是听力课。"阿拉伯语听力（1）"针对的是大一下学期学生，"高级阿拉伯语听力（1）"针对的是大二下学期的学生。我系两门课目前都采用直播研讨的授课形式。低年级的听力材料需发音清晰，因此两门听力课对网络的要求较高。由于网络时而不稳定，在线播放听力视频或音频时而卡顿或声音模糊，授课教师张羽把听力音频或视频课前先发给学生预习并熟悉。教师张羽为保证预习质量，还出了专门的配套练习让学生在预习过程中完成，起到督促作用。由于大多数的听力材料朗读形式和阿语四级听力考试的朗读形式不一样，张羽老师还学习了一些视频、音频剪辑软件，对听力材料进行剪辑。

课中：第一，课堂要求每位学生打开摄像头，以保证每位同学积极参与课堂学习内容。第二，精读课直播中，采用屏幕共享的方式。同时，共享屏幕可以起到"线上黑板"的作用，可以在文件上打字和做标记，相当于线下教学里黑板的功能，甚至比黑板更直观有效。学生的提问和重点可以第一时间内看到，而不仅仅是口头的反复叮嘱，使线上线下的区别缩短。第三，口语课上，课堂顺利进行了自述、多人对话、辩论等多样形式的口语训练。老师通过摄像头观察到了每位学生说话时的仪态、动作、表情，及时提出意见。第四，听力课的直播课堂主要用于讨论与讲解，帮助学生掌握听力材料的重点，解决困惑和难点。在此基础上，听力课形成"学生线下学习+师生线上研讨"的模式。第五，阿汉互译课上，不仅可以进行笔译训练与讲解，还可进行现场的口译、视译训练，摄像头打开给学生适当施加了压力，更有翻译的实战感受。老师通过视频观察学生在进行口译、视译训练时的状态、动作、仪态等，可以及时指出问题，从而保证翻译课的授课质量。

课后：第一，教师们通过微信"课堂派"布置作业，通过各种社交软件进行答疑。微信"课堂派"有较成熟的作业批改功能，可以在学生的作业上做标记，也可以给每个人打分，做到线上作业也有反馈。从开课前三周情况看，大部分学生都能按时认真完成作业。口语作业则通过微信语音打卡完成。第二，教师精心为大一学生挑选全部阿拉伯国家制作的短小视频，抓住学生学习兴趣，要求学习委员在收集全部同学的听抄作业以后，再发标准答案，从而弥补了线上无法集中听写的短板，增强了学生的听写能力。第三，教师及时对每一次作业进行反馈，通过总结分享让学生互相了解学习进度、成果，鼓励学生间的良性竞争。第四，为保证口语作业的质量，增强仪式感，要求每位学生通过视频形式提交作业，每周的优秀视频作业通过网络分享给所有同学学习借鉴。虽然线上口语课缺乏现场人与人交际的真实感，导致学生的肢体语言、表情和语气受限制，但学生通过回看课堂或作业的录像，能更快找出他们在发音、表达、仪态等方面不足。

另外，阿语系抓紧基础阶段教学不放松，大二学生面临专业四级考试，班长每天在微信班级群和 QQ 班级群发布倒计时消息，让学生们在思想上有紧迫感，从而好好学习。学生每周周末晚上打开网络平台，在网上进行四级模拟测试，教师同时在线督促监考，改卷后为学生进行讲解，并做有关专四内容的辅导。所有这些牺牲休息时间的工作都是义务进行，教师们努力向上的劲头可见一斑。对大一学生，教师们也在每周周末晚上进行周测，也是通过同样的路径，义务对学生们的知识点进行查漏补缺似的教学。

通过 4 周的教学实践，阿语系教师在逐步适应线上教学的同时，也深深体会到线上教学的不足之处是互动性相对不如线下教学，也缺乏对学生的有效监督，自制力差的学生思想难以集中，容易滋长厌学情绪。教师们对学生布置了远超于线下教学的每日作业，教师们批改作业感觉疲劳，学生们也有怨言。对于教师的面容也容易产生"厌倦感"，希望有可以供阿语专业学生上的慕课，使线上教学能更加完善。

3 月 10 日，根据浙江工商大学微信公众号发布的消息，据校教务处的统计，东方语言与哲学学院学生对在线教学的满意度比例在全校占据最高水平。这里面，也有阿语系师生的努力和贡献。

三、实践教学

2020 年，虽受疫情影响，我校阿语系教师仍然在线上鼓励和辅导学生团队积极准备第六届中国"互联网+"大学生创新创业项目大赛，并于 3 月初顺利通过学校初选，这在东方语言与哲学学院成立 15 年以来还是首次。通过数月艰苦的角逐，最终我校阿语系学生团队夺得浙江省省级比赛金奖。

四、浙江工商大学特色专业建设

阿语系在专业建设中，力创学校特色，即使在疫情期间也未停止过。首先，阿语系针对大四学生无法实地参加实习的境况，推出了以翻译1万字左右文字来替代实习的计划。翻译内容以阿联酋的法律法规为主，以为将来更进一步的区域国别研究打下基础。其次，阿语系开拓了学生在沙迦大学留学的项目，力争使该项目更长久地保留和进行下去。鼓励学生参加沙迦大学于2月4日举办的第五届留学生协会展示活动，向不了解中国疫情情况的人员做解释和沟通工作，给沙迦大学管理层留下了很好的印象。疫情发展至今，沙迦大学对我项目留学生们给予了很多照顾，学生在宿舍生活学习情绪稳定。在黎巴嫩留学的5位学生，由于受疫情影响，需要提前回国，教师们积极解决学生在回国和学分方面的问题。阿语系专门负责留学生事务的教师经常开展线上互通，了解学生动态，和负责教他们的外国教师密集联系，以保证学生的安全和学习生活顺利。最后，沙迦政府沙迦文化遗产研究院中国文化交流中心是阿语系在建的重要的国际交流平台。受疫情影响，很多中阿文化交流活动无法正常开展，但阿语系每个月的介绍中国文化的翻译供稿活动并未停止。其他合作项目也在积极有序地进行中。

线上教学，作为新型教学模式，需要教师们在教学实践中不断学习如何充分发挥电脑和网络的优势，掌握更多云端上课技巧。阿语系把疫情作为树立学生正确价值观、人生观、世界观的机会，考量师生们在灾难面前的生存能力、化危为机的能力，相信在灾情过后，学生们定会记住此次难得的全云端听课体验。

基于QM评审标准的阿拉伯语在线教学实践与反思*

廖静

摘要：本文基于美国在线教育专业评估机构QM设置的评估指标，对标复旦大学QM在线教育评审标准，对复旦大学通识专项选修课阿拉伯语Ⅰ—Ⅲ在线课程的学习目标、学习活动、学业考评和课程教材等课程建设情况逐一进行说明，并在文章最后对阿拉伯语在线教育提出反思，期待日后能出现更多更具兼容性的阿拉伯语在线软件，以期解决在线教育欠缺的师生互动和生生互动环节。

关键词：QM评审标准，阿拉伯语，在线教学

作者简介：廖静，女，复旦大学外文学院阿拉伯语讲师，上海外国语大学阿拉伯语语言文学博士，外文学院多语种中心副主任。从事阿拉伯语的教学与研究工作，研究方向为阿拉伯语语言教育、多语习得、阿拉伯移民流动。曾任上海外国语大学阿拉伯语专业讲师，上海外国语大学政治学博士后科研流动站博士后（出站考核优秀），法国马赛大学访问学者，埃及开罗大学交换生。工作以来主持教育部社科等省级项目3项，获得上海市研究生优秀成果等省部级奖励2项，出版专著《传统阿拉伯语语法学派研究》，教材《公共阿拉伯语Ⅰ——语法篇》、《阿拉伯背诵文选》等，在国内外发表论文20余篇，所发期刊包括Círculo de Lingüística aplicada a la Comunicación［SSCI］、《外国语文研究》［台湾］、《萨义德大学学报》［阿尔及利亚］，以及CSSCI来源期刊《当代外语研究》、《阿拉伯世界研究》等。

一、在线教学的背景和国际趋势

提到在线教学，相信所有教师都百感交集。由于疫情的缘故，2020年上半年我们每个人都像被赶鸭子上架似地上了一个学期的网课，对于网课的效果，也

---

* 本文受"复旦大学2021年度在线课程建设和教学改革项目（第二批）——阿拉伯语Ⅰ"（项目号FD2021C044）资助。

是众说纷纭。虽然疫情是暂时的，但网课，或者更准确地说，混合式教学应该会成为大学课堂发展的趋势。实事求是地说，混合式教学虽然开始麻烦，但对老师也是有利的，比如老师出差就不用调课补课了，可以直接上网课，方便老师和学生。

虽然网课因这次疫情才在全球大面积铺开，但线上阿拉伯语教学的形式很早就已经以其较为成熟的面貌出现在了世界各地。以我国为例，上海外国语学院的王有勇老师、北京大学的付志明老师都有线上的阿拉伯语音课，外经外贸大学的杨言洪老师开设有线上的阿拉伯语经贸谈判与口译。近年来，北京大学白野等青年教师也有网络平台课程，颇受社会欢迎。

在阿拉伯世界，也有多种多样的阿拉伯语线上课程，为我们授课提供了许多参考，比如 YouTube 上点击率较高的有"苏丹大叔教阿拉伯语""تعلم مع زكريا"等。

当然在欧美国家，也有好多线上阿拉伯语课程，以付费的居多，比如 Arabicpod101，该课程互动性强，能及时给予反馈，但它是付费的，收费还挺高。当然也有免费的，如瑞典达拉纳大学公开课。

综上所述，线上阿拉伯语教学是一个国际趋势，且各国开放的阿拉伯语课程多种多样，大多针对零基础学习者。

二、QM 评审标准

线上教学既然是国际趋势，就必然带来如下问题，即如何评价线上教学的质量。对此，美国在线教育专业评估机构 Quality Matters（简称 QM）有一套评估指标。

QM 是一个全球性的在线教育标准，已被全球多个国家引入，复旦大学也与之合作，设立了一套复旦 QM 在线教育评审标准。

QM 标准以在线课程的课程设计、教授过程、课程内容和学生学习管理等多个方面的指标为评审考量因素，最终以评价量规（rubric）的形式呈现，特点就是可操作、可量化。

从大类上来说，QM 标准通常分为 8 个部分，分别是：

- 课程概述：课程伊始，就明确告知学生，该课程的整体设计。
- 学习目标：学生能力描述，明确告诉学生，课程结束后，他们能够做什么。
- 学业考评：明确告知学生这门课的考评方式和细化的评价量规。
- 课程教材：这里需要指出的是，若使用网络材料，需提供可获取的网络链接。

- 课程活动和学生互动：教师需要设计有操作性，有参与性的师生互动和生生互动活动，让教学实现从"教的好"到"学的好"的转变，真正体现学生的学为中心导向。
- 课程技术：将最新的教学技术有机融合进外语教学。
- 学习支持：向学生提供有利于他们课后学习、长期学习的支持。
- 课程制作：指该课程体现其对所有学生的易用性和可用性承诺。

当然每一个大类标准下面还有多个细化的考察指标，因此，阿拉伯语在线教学的首要任务就是对标，把指标与阿拉伯语教学有机地结合起来。

三、阿拉伯语在线教学实践

复旦大学的阿拉伯语课程（1）（2）（3）属于通识专项公选课模块（每周4课时），授课对象是全校本科生，允许硕博旁听，授课的教材主要选用《新编阿拉伯语》《AL-kitaab》和阿拉伯语网络资源。

上半学期，这门课主要使用了超星平台录播和授课时段ZOOM、腾讯会议等平台直播相结合的方式。

根据QM标准，在课程的第一个模块"第一章导言"中就对课程进行了整体概述，明确学习目标，说明学业考评和课程教材四个要素，然后在每一章节中将这一课的知识点细化为多个视频文件，让学生以打卡的形式完成任务点。超星后台会自动记录下学生观看视频的时长和重复度，包括反馈比，而这个记录也是笔者最后给学生平时成绩的一个客观依据。

四、阿拉伯语在线教学反思

笔者认为，在线阿拉伯语教学的整体设计中，最大的挑战是师生互动和生生互动，涉及教师如何组织课堂，如何设计各种互动性的活动来调动学生的学习积极性，以及如何检验他们的学习成果。

对此，笔者进行了许多尝试。

比如课前，在重要知识点后设置测验，学生只有通过测验，方能继续进行下一个阶段的学习。

比如课中，通过问卷星平台实时考查学生学习成果，并及时给予反馈，这个及时反馈的结果也可以作为学生签到的依据。

比如课后，通过补充的时事新闻资料供学有余力的学生自学。

这些互动形式依旧缺乏实时性和规模性。缺乏实时性指比如超星平台上的测试结果要到下一节课才能分享给学生,学生不太能实时看到,尤其是填空题,因为阿拉伯语语言的兼容性因素,我只能请学生拍照上传,这些都在一定程度上影响了实时反馈的效果。

当然,现代也有许多课堂教学实时软件,比如雨课堂、超星学习通、微信交作业程序等等,但不管是老师还是学生,都普遍反映困扰于软件太多,难以兼顾。所以,或许随着国家"一带一路"倡议的深入和随之而来中国阿拉伯语教育规模的扩大,应该会有一些更能兼容阿拉伯语的软件出现。

低年级学生阿拉伯语精读网络教学实践探究

——以对外经济贸易大学阿拉伯语教学为例

林 哲

内容提要：席卷全国的新冠肺炎疫情令包括语言课程在内的高校教学转向线上，并经历了一定程度的调整。针对低年级阿拉伯语专业学生学习的共性和个性特点，对外经济贸易大学阿拉伯语系多措并举，强化学生专业信心，巩固教学和知识基础，保证线上教学—线下练习—教学反馈链条环环相扣，为实现较好教学效果打下基础。本文从教学背景分析入手，介绍了对外经贸大学阿拉伯语精读网络教学的基本举措与延伸实践，并对网络教学中凸显的问题进行了细节探讨与对策思考。

关键词：网络教学，阿拉伯语精读，低年级学生

作者简介：林哲，对外经济贸易大学外语学院阿拉伯语系讲师。

一、网络教学背景分析

本论文的研究对象为对外经济贸易大学阿拉伯语系低年级学生的网络语言教学。参与本次教学实践的本科一年级学生的基本情况如下：学生分布在各个省份；参加网课的硬件设备齐全，但是受网络速度和带宽的制约，无法全员开启摄像头。在上一学期的期末考试中，学生的成绩分布呈"橄榄形"，即中间梯队人数较多，成绩优异和成绩较差的学生比例较少。个别学生仍需进一步适应大学学习模式，掌握时间规划技能。

疫情暴发前，学生们刚刚结束大一上学期的学习生活。他们刚刚习惯大学生活，进入阿拉伯语学习的状态，就因为疫情暴发和防疫需求无法重返课堂。因此，在疫情暴发初期，学生们的思想遭受了较大冲击。在疫情防控期间，医学和理科各专业的人才大显身手，而语言类专业似乎没有用武之地。可想而知，部分学生对阿拉伯语专业的信心或许会有一定动摇。针对这个情况，我们开展了强化学习动机、稳固教学基础、固化日常操练等方面的工作。

二、网络教学基本举措：强动机、稳基础、固日常

首先，我们着力强化学生们学习的内外部动机。学生学习动机主要分为内部动机和外部动机两类。其中，内部动机是指由个体内在需要自发产生的动机，如学生的学习兴趣、求知欲等。外部动机是指个体由外部诱因所引起的动机，如获得某种奖励、所处环境的压力等。[①] 有鉴于此，我们主要从内外两方面强化学生的学习动机。为激发学生学习的内部动机，我们在疫情暴发初期就在班级微信群里发布了"疫情期间给同学们的一封信"，列举了"阿语人"利用专业优势活跃在疫情防控第一线，阿拉伯国家向我国捐助大批物资的生动事例，说明学好阿拉伯语对促进我国对外友好交往、构建人类命运共同体的重要性。此外，在网课教学的整个过程中，我们还与处于不同成绩层次的学生频繁"私聊"，实时掌握整个学生群体的思想动向，打消他们学习生活中的各种疑虑。事实证明，强化学生的内部学习动机增强了学生在网课教学中的配合度和自主学习的动力，上述这些看似"边缘""耗时"的工作起了较大作用。

强化学习外部动机的进程主要通过打卡任务的设置来推动。疫情开始前，我们就已设计、发布了寒假期间的每日打卡任务，共计 27 天，44 项分支任务。每一天的练习都是经过个性化设计的独特关卡，闯关式的布局增加了每日练习的趣味性。学期正式开始后，打卡任务则变为固定上交 20 分钟的朗读视频，内容可以自由选取。优秀学生可以朗读泛读文章或下一课课文，需要强化知识基础的学生可以朗读平时学过的课文和对话。在每周的特定时期，我们要求学生上传背诵、口头作文和笔头练习等作业的视频、音频和截图。我们相信，精心设置的打卡能够替代线下教学时集体晨读的功能，规范学生平日的朗读行为，适度干预学生的预习/复习进程。

值得一提的是，我们选择了微信小程序"小打卡"来布置打卡任务（参见图 1）。这个小程序在年轻人中较为流行，其操作界面和学生们常用的微信朋友圈基本一致，具有社交媒体轻量级、强交互的特点。与此同时，类似朋友圈的打卡空间也能够让学生们在互相点赞、互相监督中营造携手共进的氛围。

其次，我们付出了较大努力，稳住低年级的教学基础。一是稳住教学的基本盘，亦即稳住线下教学的各个主要环节，如基础教学、板书、作业批改、考勤和平日的打卡设计等，缺一不可。二是稳住知识基础，包括单词、句子、文段、篇

[①] 王利群、金晶一、赵晓杰：《浅谈激发学生学习内部动机的作用及途径》，载《科教文汇（上旬刊）》2011 年第 2 期，第 37–38 页。

章、词法和句法等语言学习的基本要素。除此之外，虽然学生们学习阿拉伯语的时间较短，但我们适度引入思政词汇，以便强化学生阿拉伯语学习的成就感，引导他们养成关注阿拉伯语时事的习惯。譬如，介绍新冠肺炎疫情的相关词汇，可让学生对国内外阿拉伯语媒体推送的新闻产生阅读兴趣；而在阅读每日疫情报道的过程中，学生又可操练温习本学期的重要语法内容——大型和小型数词的读、写法。

最后，我们运用不同的手段，力求巩固教学—反刍链条的各个日常环节。这方面的举措包括三个内容：一是上文提到的打卡任务设计，二是学生早读轮值制度，三是与学校有关部门、学院、团委和学生会活动进行联动。在精细化打卡和早读轮值环节中，学生可通过规律化的时间分割和适度的仪式感来强化线上学习的严肃性。为适应网络教学阶段的特殊环境，学校、学院的各级部门与学生组织开展了不少强化在线学习习惯的评比活动。为此，我们鼓励学生整理平时的学习成果，积极参加评比。例如，图2、图3为一年级学生参加校团委笔记和校内最美笔记大赛评选获奖笔记。可以观察到，学生们持之以恒整理笔记的耐心，也渗透到了各个学习环节的实践中来。

图1　微信小打卡

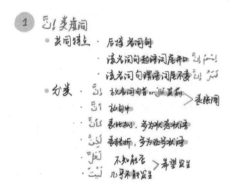

图2　学生获奖笔记

图3　学生获奖笔记

三、网络教学延伸实践：常反馈、重互动

在落实网络教学基本举措的同时，我们还逐步摸索出了包括常态化反馈机制与注重师生互动在内的延伸举措。

如何及时、准确地获取学生对教学效果的反馈，堪称疫情背景下线上教学的难点和痛点。我们初步建立了由教学过程中的即时性反馈与课下的延时反馈两个部分组成的常态化反馈机制。在课上，我们要求学生全员开麦。老师每提出一个问题，必须听到以全班或小组为单位集体回答的声音。这在客观上使得学生们的注意力较为集中，而不容有分神的空当。课下延时反馈则主要体现在每日打卡任务中，此处不再赘述。

在强化师生互动方面，我们主要借助小程序的在线批改功能，为学生提供常态化的点评和反馈。由于省去了现实中收集和发放纸质作业的环节，学生作业的收集与反馈速度比线下教学时快得多。

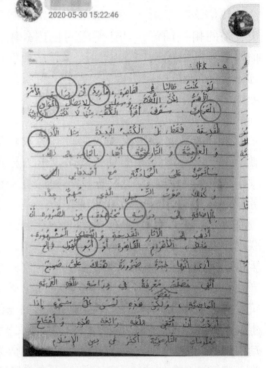

图4 视频批改作业

譬如，一年级学生作文中书写和语法的问题较为分散、琐碎。因此，我们借由网络平台搭载的点评功能，探索并推广了视频批改的模式。在此模式下，教师在作文上留下批改痕迹的同时，对作文中的细节问题和语法错误进行口头评点。学生端收到的批改则是一段融合了动态批改和教师讲解的小视频。此法耗费教师的精力较线下批改为多，但有利于精准定位学生学习过程中出现的问题，还恰如其分地让学生感受到单纯线上教学所不易传达的关怀。（参见图4）

四、网课时代教学之"惑"

疫情下应时上马的网课教学对习惯了线下传统教学模式的教师和学生都提出了较大挑战。"一学就困"型学生、"购物主播"型教师的段子在网络上流传,很好地展现了网课时代传统教学模式受到的冲击。同样地,网络教学对我们的阿拉伯语教学也构成了较大挑战,一些问题在学期后半段逐渐凸显。

其一,班级内部学习协作严重不足。线下教学时学生们在现实中有大量相处的机会和场合,语言能力可以在一定强度的互助操练中得到提高。而且,基于一年级学生成绩梯队呈"橄榄形"的情况,大部分水平相近的学生之间本可形成较为紧密的互动协作关系。然而,网课时代意味着学生大部分时间处于"孤身作战"的状态,学生内部的交流和学习协作尤显不足,且平日打卡承载的信息流量无法提供足够的同辈压力(peer pressure)。即便有延伸到课下的线上互动,也大都存在于学生和老师之间的问答中。同辈间缺乏讨论与交流,使得学生的学习积极性逐渐出现衰减。与此同时,教师的精力被严重消耗在回答不同学生提出的高度同质化的问题上,有时甚至被迫挤压备课时间。

其二,在线教学测量较难设计。其原因有三:一是许多在线教学平台不能很好地兼容阿拉伯语的显示,给教学测量的安排带来许多困扰;二是在线教学软件提供的交互场景制约了教学测量的方式和效果;三是内容稳定的教学测量难以完全实现。在我们组织的若干次线上考查里,我们尽可能设计了适于线上进行的考查方式,发现一些大致能完整延续到线上的传统考查方式效果未受影响,如听写、口头作文等。但另一些不得不经过调整的考查方式则无法在短时间内达到教学测量的目的。比如,限时连词成句练习需要频繁地在屏幕和答题纸间来回切换,造成学生注意力的分散与语言思维的破碎,语言操练目标无法完全实现。又如,我们还设计了听抄阿语文段后将其译为中文的考题,借此考查学生的听力和翻译能力,同时防止线上考试可能引发的违纪现象。但此题爬坡程度较大,个别能力较弱的学生需要时间适应。

五、对策探索

诚然,在疫情防控的大背景下,阿拉伯语精读教学转向网络多少属于"不得已而为之",在实践过程中不可避免地暴露出一些问题,但是,"摸着石头过河"的实践给今后我们的单纯线上教学或线上线下混合式语言教学提供了不少可借鉴的思路,对教学环节的反思可催生有关问题对策的设计。

第一，探索强化内部学习动机的新途径。通过情境创设—问题设置—课堂讨论—教师反馈的设计让学生对阿拉伯语学习真正产生兴趣，刺激学习的内部动机，而非仅仅在师长的敦促和考试的压力下开展学习活动。我们在教学实践中发现，适时设置的挑战非但不会削弱"00后"学生求知的动力，反倒能激发他们战胜困难的决心。在布置在线学习任务时，不妨适当设计一些兼具挑战性和趣味性的内容，让学生们在解决问题的过程中增强继续探索的动力。

第二，对知识单元进行颗粒化处理，即学习知识体系的颗粒化分拆。小颗粒的知识点展示更加适应网络教学的特点，有利于学习者集中注意力，提升学习效率，也有利于对症下药，让学生从不会到会。[1]

第三，增设非共时性的在线提问、讨论区域。这一点乃是对学生间学习协作不足的问题的回应。在学生课上积极性已经被充分释放和调动的情况下，学生在课下的热情也需要一定程度的引导。非共时性的讨论既可以培养学生先整理思路、后发问的习惯，又可以迅速解决在学生中具有一定共性的问题。对某一问题有解答思路的学生可以直接回答问题，或在集体讨论中得出更为准确的答案。另一方面，在线讨论区的设置可以有效避免教师重复答疑，帮助其将精力最大限度地投放到课堂教学中去。

第四，设计更加灵活的线上考查。要设计好持续性的、适合语言类精读课程的教学测量方法，需要我们突破原有线下教学测量的思维定式，从网络教学的特点出发进行重新思考。

---

[1] 方柏林：《网课十讲》，华东师范大学出版社2020年版。

阿拉伯语在线教学与线下教学的差异：机遇、问题与对策

刘利华

摘　要：随着信息技术的发展，线上教学逐渐成为一种新的趋势。2020年年初，在教育部"停课不停学"的要求下，网络在线教学在全国范围内迅速展开，阿拉伯语相关课程也从线下教学快速转移到线上，于是网络直播教学在阿语教学领域第一次被大规模地使用。与传统的线下教学相比，阿拉伯语在线教学有其自身的优势，同时也不可避免地遇到一些问题。本文从阿拉伯语在线教学带来的机遇入手，分析阿拉伯语在线教学所面临的问题，并提出一些对策和建议。

关键词：线上教学，阿拉伯语，机遇、问题、对策

作者简介：刘利华，中山大学国际翻译学院助教，中山大学"一带一路"研究院研究员，研究领域为阿拉伯语言文化、中阿关系、阿拉伯国别区域。

2020年年初，为了疫情防控工作的有效开展，教育部要求各级学校"停课不停学"，于是各级学校积极响应国家的号召，实行线上教学。"停课不停教、不停学"既是战疫情应急之举，也是"互联网+教育"的重要成果应用展示，任务艰巨，使命光荣。[1] 对于高校阿拉伯语专业课教学来讲，线上教学模式仍处于不断的尝试和探索的阶段，尚有很大的发展空间。

一、在线教学带来的机遇

第一，实现了跨区域教学。在手机和电脑等智能设备在学生群体中全面普及的大背景下，在线教学打破了传统教学地域限制。它只需要通过网络和一个直播软件就可以进行，瞬间使处在各地的学子们相聚于云端，接受教育，这无疑极大地节约了师生们的时间成本和人力成本。在当时，也降低了疫情传播风险。可以

---

[1]《利用网络平台，"停课不停学"》，中华人民共和国教育部网站，2020年1月30日。

说是一举多得，大有裨益。同时，在教学过程中，我们可以邀请身在阿拉伯国家的专家学者线上分享一些有用的知识，如发音技巧、诗歌朗读技巧、阿拉伯国家轶事趣事等，既可以提升学生的国际化视野，又能有效地激发学生们的好奇心和学习热情。因此，跨区域线上教学不失为一种提升教学质量的有效方法。

第二，实现了跨学校教学。在线教学过程中，教师们可以广泛引入各大高校推出的云端系列讲座、慕课等优质资源，实现高校间的互通有无，为广大学生送上最具营养价值的文化盛宴，达到了资源整合、优势共享的效果。如今，随着国别和区域研究不断深入，各高校应加强与国内外国别和区域研究发展较好的高校和科研机构的合作联系，并派遣优秀的阿拉伯语专业师生前往学习交流，推动我国阿拉伯语专业的全面发展。① 在特殊时期，在线云端讲座在一定程度上实现了跨学校的教学和交流。值得一提的是，今年（2020年）各大高校推出的阿拉伯语语言文学、国际问题研究等云端系列讲座让广大师生受益匪浅。

第三，实现了跨专业教学。通过网络，我们可以邀请其他专业的教师参加教学。特别是在新文科建设、国别区域人才培养的过程中，我们可以把历史、国际政治、经济、社会等学科的教师引入课堂，结合阿拉伯语教学，着力培养既有专业深度，又有知识广度的高端阿拉伯语人才。随着中国不断发展、全球化不断推进，学科发展越来越综合化、多元化；此外，"一带一路"倡议提出，人工智能日臻成熟，现行的阿拉伯语教育模式已无法适应当前发展的需要。为此，我国高校的阿拉伯语教育需要进行一定的改革，将国别和区域研究与阿拉伯教学结合在一起，培养适应现阶段发展要求的复合型阿拉伯研究人才，而非简单的阿拉伯语人才，为国家发展战略提供智力保障。② 线上教学一定程度上能够满足跨专业教学这一要求，为我国高校阿拉伯语教育与国别和区域研究的融合提供了很好的平台。

第四，实现了跨传统教学。人工智能、互联网的快速发展深刻改变了人的生活，我们必须适应新科技变革对传统教学提出的新要求。在"互联网+"时代，信息技术与教育教学的融合发展成为一种趋势和潮流。在此背景下，高校阿拉伯语专业如何实现教学改革，打破囿于课堂授课的传统模式，培养更加贴近新时代国家和社会需求的复合型人才，是急需探究的问题。③ 这次开展的网络教学也是对教师信息技术应用水平的一次检验和提高，促使教师勇于开拓，熟练掌握相关直播软件，如腾讯会议、ZOOM视频软件、钉钉等。这种打破传统的教学模式对

---

① 柳文佳、罗林：《高校阿拉伯语教学改革的历史逻辑与路径选择》，载《中国穆斯林》2019年第1期。
② 同①。
③ 古萍：《线上线下"双轨融通"教学方案的探索与实践——以〈基础阿拉伯语4〉课程为例》，载《在线教育教学》2020年第9期。

于广大学生来讲，无疑有令人耳目一新的感觉，一定程度上可以激发学生们的学习热情。

二、面临的问题

第一，受网络环境影响较大。网络教学对设备以及网络的要求较高，如果网络不稳定，教学效果难以保证。这一现象经常体现在那些身处阿拉伯地区的外籍教师们的课堂上，同样也容易发生在部分身处网络信号较差地区的学生们的学习过程中。由于网络、软件的限制，上课期间，卡顿、断网、掉线等情况频发。这不仅容易使学生错失知识点，而且导致师生沟通不畅，上课效率被不同程度地降低。这是所有网课遭遇的共同难题。

第二，仪式感大幅度消减。在线下课堂中，师生之间面对面的交流，为教学过程带来更多的程序感、仪式感和成就感。而在网络课堂上，教师难以直观地感知和保证同学们的听课状态和课程接受程度，教师通过阅读同学在留言区的留言进行交流，效率低，造成了时间的浪费，教学效果有时不尽如人意，尤其是语音、口语、书法等课程。阿拉伯语作为一门发音较难的语言，学生需要不断完善发音，需要面对面地与老师沟通交流，才可以更好地观察发音的方式，体会发音的特点。这一点在线上教学当中很难做到。在口语课上，师生互动可以勉强维持，但是，原本在线下教学中可以产生良好反馈的小组合作、语伴互动等形式难以在线上顺畅进行，教学效果势必会受到影响。另外，在阿拉伯语书法课上，线下教育面对面、手把手的示范与引导的教学模式难以完全复制在线上教学当中，仪式感的缺失造成的影响是显而易见的。

第三，学生考试方式受到影响。线下教学过程中，阿拉伯语精读、泛读、语法等课程的考试方式基本上都是通过分发纸质版试卷、学生作答、教授阅卷评分这一流程进行的，同时需要教师对学生进行现场监考，后期还有对纸质试卷的归档工作等需要完成。而线上考试很难达到这个要求，只能通过别的方式来替代，如口试、考察等，但是，这一差异对于师生来讲，都会带来诸多的不适应。

三、对策建议

第一，加强政府支持力度，完善网络教学系统。完善线上教学有赖于网络技术的发展与进步，也需要政府部门的政策投入以及全社会的支持和帮助。例如，2020年年初，教育部统筹整合国家、有关地方和学校相关教学资源，提供丰富多样、可供选择、覆盖各地的优质网上教学资源；考虑到部分农村地区和边远贫困地区无网络或网速慢等情况，教育部安排了中国教育电视台通过电视频道播出有关课程和资源，解决这些地区学生在家学习问题。①

第二，丰富线上教学的内容和形式。正如前面所讲，通过线上教学，我们实现了零距离沟通。因此，我们可以进一步丰富线上课堂教学内容，邀请国内外阿拉伯语界以及相关学科的优秀学者参加在线教学，为学生带来丰富的教学内容，包括国别区域研究的相关知识。这将会进一步拓宽学生视野，提升教学质量，培养出全面发展的阿拉伯语综合性人才。同时，教师需要以更加灵活的方式与学生进行交流互动，有序安排课前预习、线上提问与答疑，尽量让更多的学生参与其中，并积极引导学生一起谈论，对于表现积极、良好的学生给予更多的激励措施，以充分调动学生线上学习的主动性和积极性。

第三，提升教师专业能力和课程思政教育水平。教师可以根据阿拉伯语的知识特点出发，打造出一套更适合现代信息技术的教学模式，在阿拉伯语听说课、语音课、书法课上，更多地借助线上情景教学方式，充分利用好慕课、微课堂等网络教学方式，这样可以让学生高效、直观地发挥学习能力和实践能力。同时，在阿拉伯语精读、语法、文化等课程上将线上教学与课程思政教育有机结合，通过潜移默化、润物无声的方式，借助有益的网络资源，培养学生的爱国主义精神和为中华民族的伟大复兴而奋斗的家国情怀，更好地执行"立德树人"的任务。

第四，改进考核方式和健全成绩评价体系。对学生的考核方式必将随着教学模式的变化而发生变化。传统的课程考核方式需要随着线上教学的兴起而进行革新。新的成绩评价体系的建立也势在必行。在线教学模式下，所有的教学活动均在网络教学平台上开展，学生学习过程都在网络上有据可循。因此，就必须调整平时成绩与期末成绩的比例，以平时表现为主，期末考试成绩为辅，真正地让学生做到"学在平时"，同时改善部分学生平时懒散、期末熬夜突击复习的不良学习习惯。

---

① 《利用网络平台，"停课不停学"》，中华人民共和国教育部网，2020年1月30日。

线上阿拉伯语教学的成绩、问题与对策
——以阿语口译（经贸）线上课程为例

黄楹

摘　要： 阿语口译（经贸）课程是阿拉伯语专业高年级本科生的专业必修技能课，课程肩负建构认知和技能应用两个目标，旨在加深学生对口译性质、要求、标准以及相关翻译理论的认知，提升口译积极性与主动性，打牢翻译基础，全面提高学生的经贸口译能力。该课程以经贸时事主题材料为载体，以规律性口译训练和模拟实战为特色。

2020年春季学期，在新冠肺炎疫情背景下，全国高校积极响应教育部"停课不停教，停课不停学"的要求，全面开展线上教学。本文围绕阿拉伯语专业高年级本科生的专业必修课——阿语口译（经贸）线上课程，就该课程在教学规划、内容设计、线上授课平台及方式革新、"3+2"口译训练模式创新等方面进行描述，并由此分析特殊形式下线上阿拉伯语教学的积极成果、优势以及存在的难点与弊端，总结经验，归纳不足，探讨提升线上阿拉伯语教学质量的途径与对策。

关键词： 线上教学，阿拉伯语口译

作者简介： 黄楹，北京第二外国语学院中东学院教师，英国埃克塞特大学在读博士研究生。

一、阿语口译（经贸）线上课程总体设计

阿语口译（经贸）课程是阿拉伯语专业高年级本科生的专业必修技能课，旨在运用已学常用的基本语法和句型结构，在阿语口译（外交）课程的基础上，通过讲授相关翻译理论及中阿翻译对比研究的内容，以讲评、讨论、对比研读、口译实践等方式完成对经贸领域时事要文、新闻公报、联合公报等内容的阿拉伯语口译训练，进一步加深学生对翻译理论的了解与运用，提升阿拉伯语经贸领域的口译技能。

在新冠肺炎疫情肆虐的时期，学生无法返校，常规教学模式和现场口译实战训练无法正常实施。基于此，课程教研组结合线上平台的特点和优势，开展了各种利于线上阿拉伯语课程品质提升的探索性工作，进行了授课方式革新与教学模式创新，付诸实践并取得良好效果。

1. 线上授课平台及方式革新

基于口译教学题材紧跟时事、教学过程互动性强、文字声像多媒体教学手段丰富等特点，阿语口译（经贸）课程选择钉钉线上直播平台进行授课。对比其他直播平台，钉钉具有互动性强、多媒体素材兼容度高和简单快捷不卡顿的优点，教师端和学生端均易于操作。钉钉线上直播平台有四种模式可供选择：摄像模式、屏幕分享模式、专业模式和课堂模式。教师可根据授课需要在不同模式中选择切换，如点击"屏幕分享模式"，可共享阿拉伯语经贸领域的视译素材，分段落选择学生远程连麦，实时进行口译训练检测。教师可打开摄像头与学生面对面沟通，师生口译互动与教师点评全过程班级共享，后台录制课程内容支持回放。

阿语口译（经贸）线上授课分为课前、课上与课后三个环节，以综合教学法为主，以口译实训为主要形式，精讲范练，点面结合，文本音像，立体教学。课前布置预习材料，主要为时事性的官方讲话或新闻公告，具有较强现时性和现场性，从而保证口译训练的真实性；课上检测口译预习情况，传授翻译理论技巧，讲解答疑经贸类专业术语及口译难点；课后补充拓展背记材料，内容主要涵盖中阿双方重要经贸会议要点，具有经典性、综合性、实用性、参阅性等特点。革新后的授课方式涵盖了课前、课上与课后的全部过程，可以形成一个完整的教学闭环。

2. "3+2" 口译训练模式创新

阿语口译（经贸）线上课程充分运用线上直播平台优势，创新并完善教学训练方式。钉钉线上授课平台数据统计功能全面，能够发布多种定时定向的线上语音打卡任务，有助于教师基于数据实时反馈，适时掌握学生的学习动态，制定具有针对性的口译教学训练。阿语口译（经贸）线上课程充分考虑到阿拉伯语口译的听、写、译和记忆总结各环节，以及经贸专有名词、特色表述、数字专项口译难度高的特点，创新了"3+2"口译训练模式。"3"涵盖听力、记录和口译的三项常规口译打卡，即常规阿译汉听译打卡、速记训练打卡和数词专项训练打卡；"2"代表记忆总结的两项常规训练，即课后补充材料记忆和词汇库建立完善。具体内容及要求如下。

常规听译打卡：每周一、周三、周五听译阿拉伯原文网站或电台、电视台（半岛台、阿拉比亚台等）音频或视频文件 2～3 分钟，录制原文和口译音频或视频文件发至线上授课平台打卡，教师通过在线平台实时进行点评反馈。

速记训练打卡：阿译汉常规口译作业中要求学生体现口译过程的速记，速记按照训练方式和记录习惯进行，包括母语、源语+简写、代码、符号等，鼓励独创专属的速记模式，拍照速记内容打卡上传。对于部分由于出国留学没有接触到第六学期速记训练的同学，可以通过听每日新闻联播、有声小说或其他语音资源进行中文速记训练，由中文逐步过渡到阿拉伯语，循序渐进。

数词专项训练打卡：考虑到阿拉伯语数词口译难度大，阿语口译（经贸）线上课程制定了"阿语数字反应能力训练表"进行专项练习。该训练表通过电脑随机产生 1500 个数字，包含 3～9 位数各阶段数字，要求学生目之所及即口译，通过瞬时记忆完成对数字的诵读，每周选择一天打卡 10 分钟数词专项口译。

课后补充材料记忆：每节阿语经贸口译课都配有相关主题的阿拉伯语－汉语课后补充材料，要求学生熟读并记忆，以达到牢固掌握语言知识、熟练运用语用技能和翻译技巧的记忆训练目标。

词汇库建立完善：要求建立阿拉伯语－汉语词汇库，收录名言警句、中国特色表述、专有名词、重点词组等词条。鼓励将其电子化，制作成可检索的电子表格，重点培养语言表述技巧、信息归纳技巧和生词解意技巧。

二、阿拉伯语线上教学的成绩

我国高校慕课、网络课程等数字化校园工程已实施多年，为教育信息化发展奠定了坚实基础，但线上教学仍是传统课堂教学的辅助形式。此次新冠肺炎疫情促进了教育理念变革，线上教学的成绩与优势也得到凸显。以阿语口译（经贸）线上课程为例，线上阿拉伯语教学的优势可以归为内容共享性、学生自主性、资源丰富性与交流互动性四个方面。

1. 内容共享性

网络技术的进步与发展保障了在线课堂资源内容的共享性，线上教学的可重复性增强了在线课堂传播知识的共享性。线上课堂的回放功能让学生能够利用直播资源回放进行阶段性复习，有助于学生打破时空限制，学通学透知识。

阿语口译（经贸）线上课程充分运用钉钉线上直播平台的回放功能，鼓励学生对于阿拉伯语速记方式、长难句分析等口译技巧难点的课程章节进行回放巩固，后台实时记录学生回放的章节数和时长，便于教师掌握学习数据、把握课程节奏。另一方面，只要具备良好网络条件和正规获取途径，优质的阿拉伯语口译素材和其他在线课堂所传授过的丰富资源就可以被传播共享。

2. 学生自主性

线上教学中师生时空分离，学生摆脱传统课堂的束缚，可以自行选择分配学习时间、内容和方式，减少对教师的依赖性，开展自主个性化学习。阿语口译（经贸）线上课程"3+2"口译训练模式中，学生可以根据自身学习习惯和接受度，在总体要求框架内自主选择日常听译训练或数词专项训练打卡的具体时间段与内容。除了阿拉伯语专业教学大纲规定的专业必修选修课程，学生可以根据自身兴趣爱好，打破时空的限制，选择辅修其他专业线上课程。

3. 资源丰富性

在线教育新型的教与学方式，延伸了传统的课堂教学空间，丰富了教育资源的供给，弱化了固定化教学的劣势。阿语口译（经贸）线上课程利用钉钉群和微信群等线上平台，共享人民日报阿文版、中阿改革发展研究中心，以及中共中央编译局"读文献学阿语"等官方权威公众号、客户端的优质阿拉伯语口译资源，鼓励学生高效运用时间，充分利用丰富的口译资源进行碎片化学习。

4. 交流互动性

线上教学交互性和协作性有助于提升学生沟通和合作能力。线上课程将师生纳入网络化的社会交往之中，通过小组群、班级群等形式有机联系起来。阿语口译（经贸）线上课程常采用线上讨论的方式集思广益，解答线上互动中抛出的问题，培养学生的问题研究与解决能力；通过钉钉群组和微信群组进行分组练习和测试，鼓励进行团组合作呈现作品，有利于提升学生的沟通能力和团队建设能力；班级群"点赞"反馈、优秀作业置顶、线上互评等新型互动方式利于实现精准及时的学习干预，强化教学效果。

三、阿拉伯语线上教学的问题

1. 平台对内外设施依赖性强

线上教学平台内部对硬件设备依赖度高，信息化基础功能和技术支持待完善；外部对网络通信的条件依赖性强，网速不佳、电脑卡顿等情况直接影响线上教学的正常开展。

目前，国内知名的教学平台如雨课堂经过几年的推广，已经在国内大部分高校投入使用，但面对突发疫情引起的井喷式用户增长和庞大的访问量，部分教学平台的负载能力较弱，难以支持大规模网络并发请求。在2020年2月中旬全国大部分高校开学时段，各大教学平台都显现了不同程度的卡顿、掉线、暂停服务等弊端。网络通信作为重要的线上教学传输媒介，无线网覆盖和手机流量充足成为完成线上教学的基础条件，若无法保证网络顺畅，则线上教学活动无法正常开展。

2. 学生自我约束力要求高

相比于传统的课堂，在线课堂的教学内容和形式变得灵活、自由与丰富，在线教学对学生的自律性和自主学习管理能力提出较高要求，这既是线上教学的优势也是弊端。对于学习倦怠、自控力差、缺少学习目标与计划的学生，线上课程学习效果欠佳。

3. 教师教学监管难度较大

虚拟的线上教学方式使人与人之间的距离感增强，教师无法像线下教学一样实时获取学生的神态、表情等信息，难以监督掌握学生上课的真实情况，及时调整课堂节奏；线上教学的空间分离特性也加大了教师教学管理的难度，对于学生到课情况、课堂组织情况无法做到全方位监管，出现迟到、早退现象，甚至出现完成签到后就挂机的现象，线上教学效果难以保证。

4. 线上考试测评效果不佳

在线考试测评难以保证测评的真实有效性。阿语口译（经贸）线上课程考试测评中存在网络卡顿现象，测评效果不佳。人工智能和大数据技术推动机器翻译迅猛发展，这便利了外语的快速查询翻译，但与此同时也有一定负面影响，存在学生过度相信、依赖电子翻译工具的情况，由此影响线上考试测评的真实性。

5. 对师生健康造成影响

线上教学容易使师生久坐不动、过度用眼，对师生的视力、腰椎颈椎造成不良影响。

四、阿拉伯语线上教学的对策

第一，全面了解并做好线上教学技术故障预案。保障课堂教学、作业提交、反馈分析、考试测评的效果，避免由于硬件设施等问题出现视频卡顿、音画不同步、延时等问题。阿语口译（经贸）线上课程开课及每次考试测评前，师生在钉钉平台上应进行多次模拟测试，提前排查技术难题，保证教学与线上测评正常推进。

第二，明确学习目标的同时，尊重学生的个性化学习方式。加强教学的引导性，传授良好的自主学习思维方式，因材施教，引导学生正确使用机器翻译；利用线上作业形式丰富的特点，有机创新与融合作业渠道与反馈，阿语口译（经贸）线上课程中"3+2"口译训练模式充分体现了这一对策原则。

第三，运用线上多种资源，精选典型教学素材。阿语口译（经贸）线上课程讲解及训练素材主要为时事性的讲话或新闻公告，具有较强现时性和现场性，补充拓展材料主要包括中阿双方重要经贸会议要点，具有经典性、综合性、实用性、参阅性等特点。

第四，拓展教育测评内涵，构建综合评价体系。阿语口译（经贸）线上课程总评成绩分为三部分：平时成绩（包括课堂讨论、测验、作业、论文、出勤、实践周作品等）、期中考试成绩和期末考试成绩。线上课程修改了其中各部分占比，将平时成绩所占比例增加，注重线上学习日常表现及翻译实践作品质量，期中考试比例保持不变，期末考试成绩所占比例适当缩小，综合全面地对学生的线上学习表现进行测评，拓展教育评价的内涵和功能。

第五，关注师生全面健康发展。课间时分不占用，师生互相督促站立放松、拉伸远眺，避免由于久坐引发健康问题。

五、总结

此次疫情防控期间"停课不停学"线上教学的大规模开展推动了信息技术与教育的深度融合，从而推进教育系统各要素的重组，逐步形成促进人的全面、自由和个性化发展的"互联网＋教育"新形态。

回顾阿语口译（经贸）线上教学全过程，一方面，线上教学的灵活性、便捷性特点很好地契合当代大学生的学习习惯，促进了学生对于口译知识和技能的掌握；疫情背景下"3＋2"口译训练创新模式有利于提升学生的口译兴趣，打牢翻译基础，全面提高学生的经贸口译能力。另一方面，该过程也暴露出线上教学的一些弊端，如教师教学监管难度较大、线上考试测评效果不佳、对师生健康造成影响等。疫情背景下信息技术打破了传统课堂的时空边界，基于网络的混合学习必然会成为新型教育组织方式。我们能够预见，未来高校"互联网＋教育"的教学模式将基于"以学生为中心"的理念，朝着线上线下教学融合化、信息化、智能化和立体化方向继续优化完善，加快信息技术与教育的深度融合和创新发展，推进我国高等教育模式进入全新时代。

基于BOPPPS教学模式的阿拉伯语阅读课混合式课堂

蔡恒丽

摘要：新冠肺炎疫情推动了工作和生活各个方面的形式变革，对于教师来说，其中最重要、最显著的变化是教学形式的变革。在这个后疫情时期，所有教学活动场所都搬到了线上App，"互联网+""智能+"的在线教学已成为世界高等教育重要发展方向，而混合式教学也给传统教学模式带来巨大变革。在笔者看来，最适合阿拉伯语阅读课的教学模式是来源于加拿大的BOPPPS教学模式。

关键词：BOPPPS教学模式，混合式教学，线上课堂

作者简介：蔡恒丽，信息工程大学洛阳校区教师，对外经济贸易大学阿拉伯语语言文学专业硕士，已公开发表论文2篇。

2020年注定成为我们终生难忘的一个时间点，在这一年中，我们经历了工作和生活各个方面的形式变革，其中，最重要、最显著的变化便是教学形式的变革，高校教师感受尤其深刻。在疫情期间，我们与学生无法面对面交流，所有一切教学活动场所都搬到了线上，"互联网+""智能+"的在线教学已成为世界高等教育重要途径。除了教学形式的变化，我们的教学模式还有哪些细微的变化呢？本文将以阿拉伯语阅读课为例介绍基于BOPPPS教学模式的混合式教学。

一、基于BOPPPS教学模式的混合式教学

BOPPPS以建构主义和交际法为理论依据，以有效教学设计著称，强调以学生为中心的教学理念，对课堂教学过程进行模块化分解。BOPPPS模式根据人的注意力大约只能维持15分钟的自然规律，将课堂教学内容切割为15分钟左右的多个教学小单元，依次分为6个阶段：①导言（bridge-in）：引起学习动机，导入主题；②学习目标（objective）：明确提出课堂教学目标；③前测（pre-assessment）：了解学生先前的知识和能力；④参与式学习（participatory learning）：有效开展教学活动，促进学习者主动学习、积极参与；⑤后测（post-assessment）：

通过有效方式测试学生的学习效果；⑥总结（summary）：对课堂内容进行总结并延伸引出下一步教学内容。

在后疫情时代，开展线上网络教学和课堂教学相结合的混合式教学能够充分发挥教师的主导性和学生学习的主动性，从而提高教学质量。

二、教学方法改革

传统教学中教学媒体的选择主要考虑如何更加有助于教师教学内容的呈现，而混合式教学中教学媒体的选择更多地偏重于哪些媒体形式能够更好地支持学生的学习。混合式教学理念需要完成三个转变：第一是从知识课堂向能力课堂转变，具体体现在课堂由记忆、理解、应用向分析、评价、创造转化；第二是从灌输课堂向对话课堂转变，也就是在课堂中师生需要把握懂与疑的关系、学与考的辩证；第三是从封闭课堂向开放课堂转变，课堂如何做到突破教师、教室和教材，打破边界，融会贯通。

布鲁姆将认知过程的维度分为六个层次：记忆、理解、应用、分析、评价和创造。观察当前的课堂教学可以发现，教师的大部分教学时间仍然停留在如何帮助学生实现对知识的记忆、复述或是简单描述，即浅层学习活动。而关注知识的综合应用和问题的创造性解决的"应用、分析、评价和创造"等高阶思维活动，并没有在当前的课堂教学中得到足够重视。传统课堂教学中，知识传授是主要内容，主要涉及学生的低阶思维活动。而混合式教学中，知识传授活动或部分或完全被移至面授课堂外，由学生自主完成，面授课上就能够腾出更多的时间进行高阶思维能力的训练。

为了更好地激发学生主动学习的动机、促进学生的深度学习，混合式教学策略设计需要考虑教学组织形式，如采用课堂环境的小组合作学习、自主探究学习、讨论辩论式学习以及课下真实任务驱动的研究性学习等，以真正将"以学生为主体"落实在具体的教学策略设计过程中。

三、阅读课开展混合式课堂的简要分析

阿拉伯语阅读课开展混合式课堂满足了以下原则：

系统性原则：阿语阅读课是以专题进行的，每节课的教学环节都是沿着一条线索进行，符合系统性原则。

可行性原则：这个原则要求学生达到可以自主学习知识点水平的同时，还需要学生有足够的自控力和专注力。很显然，大一年级学生并不能达到这个水平，

因此，混合式课堂不太适合尚处于打好专业基础的大一年级。

程序性原则：阅读课课堂的程序性表现为文本解读—人文拓展—讨论思考，这个教学思路也符合扩大单词量及知识面的教学目的。

反馈性原则：阅读课的每个专题的语言点和知识点都具备针对性和局限性，所以线上反馈（前测）和课堂反馈（后测）都可以有效地体现出学生针对当堂知识点的掌握程度。

阿拉伯语阅读课作为阿拉伯语本科教育的专业核心课程，其重要性毋庸置疑。大二上学期开设该课程，在此阶段，学生已经掌握了阿拉伯语基础语法、词法、词汇、语音等知识技能，在此基础上，阅读课便具备了开展混合式教学的条件。

四、基于 BOPPPS 模式的阿语阅读课教学设计

在 BOPPPS 模式中关键的要素有三个：一是强调和明确学习目标；二是强调以学生为中心的教学，强调学生的积极参与过程；三是强调对教学过程的反思。

因此，在阿拉伯语阅读课的教学设计中，我们调整了传统教学环节的顺序。根据人的注意力只能持续维持大约 15 分钟的自然规律，我们将课堂切割为 15 分钟左右的 6 个教学小单元，不仅每个教学小单元内具有"起承转合"的功能，还要求所有小单元组合而成的课堂亦遵循"起承转合"的脉络。

1. 线上学习（课前任务）

课前学习阶段，教师需要将微课学习、资料阅读进行任务化。学生需要运用记忆、回忆和理解三个认知维度来理解和消化微课内容，这三个维度也是混合式教学过程中的低维度认知，是在课前需要达到的浅层次的知识学习目标。

第一，学习目标（outcome，即 O）。学习微课前，教师应该针对本节阅读课学习目的进行量化表述，特别是重点知识和学习价值，明确告知学生通过这节课能够懂得什么或者即将学会做什么，在实践中达到怎样的水平，从而让学生明确掌握学习的方向。

教师把阅读课教材中的基本内容和知识点以 PPT 加录像的形式制成微课，内容上注重讲解技巧。教师将微课发布于雨课堂等在线课程平台供学生反复学习。根据知识点的数量制作若干个微课视频，每个视频时长控制在 5 分钟左右，不建议制作时长超过 20 分钟的课堂录像微课。学生可以根据自身掌握的情况反复学习微课内容，实现自主化学习。

第二，前测（pre-assessment，即 P）。教师根据每个阅读课教材文本的内容和知识点，在雨课堂等平台上组织在线课前评测。评测手段形式多样，例如，扫

一扫问卷调查、微课小测、小组任务（课堂教学需要涉及的内容）等。学生在评测过程中能够查漏补缺，除实现个性化自主学习之外，还能通过平台的答疑区和交流区与教师、同学实现在线交流、在线反馈、在线指导。教师也可以在平台上及时收到学生的学习效果反馈。

线下学习达成的是学习目标中的知识目标，也就是低阶思维发展目标。接下来就需要说到发展高阶思维的 BOPPPS 模式课堂教学。

2. 线下学习（课堂教学）

在线下 90 分钟的课堂教学中，我们要着重训练学生的应用能力和分析能力。在课前的线上微课中，学生已经掌握了教材的大部分知识点，达到了知识目标的要求。回到线下课堂，我们应该在训练学生语言知识应用能力的同时，强调对学生审辩性思维和创新能力的培养，融入关于本课内容的课程思政，拓展相关的最新研究成果和前沿应用。线下课堂教学包括导入、参与式学习、后测和总结四个环节。

第一，导入（bridge-in，即 B）。教师在手机软件上组织学生签到正式开始导入，成功的导入需要有趣且能"吊足学生胃口"。可采用以下导入方法：用与文本相关的音视频进行多媒体导入；在课前设计好的话题，让学生以小组形式进行讨论，或者由教师有目的地设置疑问的话题导入。

阅读课教材的编排没有以相同主题为主线，这就需要教师导入时有意识将模块之间的内容衔接起来，通过知识迁移导入搭建模块之间的桥梁。

利用多媒体呈现文本内容为学生创造模拟的语境。在模拟语境下，学生通过相互协作、对话发挥学生主动性。

第二，参与式学习（participatory learning，即 P）。参与式学习是 BOPPPS 教学设计中最重要的环节，在这一环节中，根据教师在线上平台发布的具体的学习任务，在课堂中学生针对本课主题进行相关的课堂展示，采用问题驱动、小组研讨、学生演示、情景法、师生互换等多种教学策略，通过学生分组，协作共同完成目标任务，共同探究某一具体问题。学生在整个教学过程中进行归纳、评价、总结、反馈，形成互动，分组讨论结束后要进行总结，由小组代表汇报讨论结果。教师则起到引导作用，根据各个小组讨论或者展示的表现，及时把握学生的学习动态，并提供具有针对性、个性化的指导。

第三，后测（post-assessment，即 P）。针对不同课程内容，可采用不同的后测方式。对于语言点、知识点内容，可采用问答、选择题、判断题等方式；对于应用分析型内容，可让学生理论联系实际，创设情境进行分析；对操作演示内容，可让学生描述具体操作步骤，在条件允许的情况下可现场展示、演练等；对于重点知识点，让学生概括、总结。总之，后测应建立一种灵活多变的多元化评估体系，对学习效果进行真正有意义的考评，用有效方式测试学生的学习效果。

第四，总结（summary，即 S）。总结可由教师完成。教师帮助学生总结本次教学内容，指出知识点的重点及难点，结合学习要点预告下堂课的内容及要求，并布置课后作业。总结也可引导学生自己完成，让学生通过简洁归纳、概括所学知识点或技能要点，反思自己学到了什么，还有哪些不足，便于他们课后复习。

五、教学评价

基于 BOPPPS 教学模式的线上线下混合式教学，以学习任务为驱动，其教学评价更加注重过程性，是一种全环节评价，涉及如线上网络平台的预习、课中任务完成情况、随堂测试和教师点评、学生小组互评、课后作业等各环节。教师可以根据课堂情况进行个性化设计。

结语

由于后疫情时代的诸多不稳定因素，阿拉伯语本科教学的主战场已经由教室转移到网络、由线下转移到线上，而 BOPPPS 教学模式作为一种以教学目标为导向、以学生为中心的教学模式，能在阿拉伯语阅读课教学过程中取得前所未有的教学效果。

疫情期间将课程思政融入阿拉伯语专业本科低年级线上教学的思考

张洁颖

摘 要：疫情期间依托网络平台进行的在线教学活动为课程思政建设带来了重要新契机。面对重大灾难，教师应更注重培养学生的家国情怀和正确价值观，以立德树人为根本，探索价值塑造和能力培养的路径。对于阿拉伯语专业本科低年级的教学来说，在适当的时机、以适当的方式将思政元素融入专业课教学，将知识教育同价值教育结合，既能激发学生的语言学习兴趣，也能起到传播正能量、坚定文化自信、提升人文素养的作用。

关键词：阿拉伯语，课程思政，线上教学，疫情

作者简介：张洁颖，大连外国语大学亚非语言学院教师。

一、课程思政的理念与意义

课程思政改革是构建大思政教育格局的重要组成部分。习近平总书记在全国高校思想政治工作会议上强调指出："要用好课堂教学这个主渠道，思想政治理论课要坚持在改进中加强，提升思想政治教育亲和力和针对性，满足学生成长发展需求和期待，其他各门课都要守好一段渠、种好责任田，使各类课程与思想政治理论课同向同行，形成协同效应。"其中，"同向同行"与"协同效应"是需要深入探究的核心关键词，是教师在教学活动中应该贯穿和秉持的基本理念。

"同向同行"彰显了思想政治与专业课程的关系。外语专业的教学内容虽然是学习、研究他国语言文化，但其必不可少的根基是对中华民族传统文化精髓的理解和汲取，对社会主义核心价值观的坚守，如此方能避免妄自菲薄抑或盲目自大，做到理性客观地看待中国在世界的定位，真正做到"立足中国，放眼世界"。"协同效应"充分体现了课程思政改革所应达成的目标。思政内容与专业课程应相辅相成，缺一不可，其根本任务是立德树人，以渗透性的方式对学生进行文化熏陶和价值引导。

二、阿拉伯语专业与课程思政

阿拉伯语专业服务于国家发展战略，其学术重要性和现实意义都毋庸赘言。"一带一路"愿景需要语言铺路、语言先行的理念已成为共识，近十年来，为了对接"一带一路"倡议，以语言为载体，深化与阿拉伯国家的合作与交流，阿拉伯语专业的前辈教师们持续进行探索和改革，为学科建设打下了坚实基础。如今在课程思政受到广泛关注的背景下，如何在完成教学任务、保证教学质量的前提下，以适当的方式将思想政治教育元素融入专业教学中，是每一位阿拉伯语专业的教师需要不断思索和实践的一项议题。在课程思政改革中，阿拉伯语专业既要借鉴其他外语学科经验，也需找准自身定位。

在英语、法语等西方语言专业的教学中，教师较为担心的问题是学生会过多地受西方文化和意识形态影响，这对社会主义核心价值观的树立和培养不利，因此，这些专业的课程思政实践主要聚焦于加强学生对母语文化的认同，防止学生对他国文化产生盲目崇拜，避免丢失文化自信。而在阿拉伯语专业，情况则有所区别。首先，许多学生并非自主选择，而是通过调剂进入的阿拉伯语专业，初入学时对阿拉伯国家文化背景几乎没有了解。其次，阿拉伯文化本身也不属于所谓的流行文化或强势文化，这在一定程度上造成学生缺乏想要了解的积极性。但这样的形式恰好是教师应该巧妙加以把控和利用的，在学生初入学时便谨慎引导，使其意识到阿拉伯语在推动中阿民心相通中的基础性和先行性作用，并进一步从根本上意识到，发挥这一作用的根基是我们对中华文明的文化自觉和自信，从而真正实现课程思政的目的和价值。

三、对疫情期间线上教学的思考

受疫情影响，我国各高校自 2020 年年初都展开了线上教学，这对传统教学模式造成了不小的冲击，也对师生沟通与互动造成了一定的隔阂。但换个角度思考，"停课不停学"也是教师对教学、对课程思政融入的复盘和创新的契机。线上教学期间，笔者担任阿拉伯语本科一年级精读和口语课的教学工作，对课程思政和本专业教学的结合进行了初步探究与实践，主要体现在以下三个方面：

1. 融入方式

课程思政融入，方法为先。在外语专业课程中融入思政元素，并非要将外语课堂打造成使用外语教授的政治课堂，这对学生来说显得枯燥。此外，阿拉伯语专业大一学生还达不到翻译和流利阅读相关政治内容的语言水平，牵强的和机械化的"硬"融入与课程思政理念中的"协同效应"是完全背道而驰的。课程思政真正提倡的融入方式,是"既要注重在价值传播中凝聚知识底蕴,又要注重在知识传播中强调价值引领,突出显性教育和隐性教育相融通,实现从'思政课程'向'课程思政'创造性转化"①。

其实,疫情期间发生了无数令人动容的正能量的抗"疫"故事,可以作为价值塑造和正向引导的好素材。喊口号、贴标签的古板的思政方式只会适得其反,学生更期待的是贴近他们学习和生活的内容,因此找到正确的结合点能够让思政教育的渗透更加自然和有效。笔者曾看到人民日报发布的一组图片,题为"疫情下他们专注的模样",展示了几位青年学子克服困难环境和艰苦条件,坚持上网课的故事。彼时正值开学季,大家刚从疫情的恐慌中走出,即将开启全面线上学习,多重压力和对未知的担忧会对学生的心态造成消极影响,这些关于求学的正能量故事都是贴近现实的身边事,能够帮助学生以积极、正面的心态开启新学期。结合本专业教学进度来看,此前学生已经学过"电脑、网络、手机、努力学习"等相关表达,所学词汇与句型跟该新闻内容契合度高,因此,笔者要求学生尝试以小作文的方式描述新闻中的某个故事,并提前对学生作出相关词汇提示,引导他们复习和总结之前所学内容,同时也能促使学生去反思自己在疫情中所应扮演的角色。大一学生刚踏入校园不久就经历国难,不知何时能重返校园,本次任务也是引导学生以外语书写中国故事的尝试,使他们意识到自己作为一名大学生的责任与担当。

接地气、贴近生活的融入方式能够使专业教学与思政内容相得益彰,化刻意强加的"硬"融入为润物细无声的"软"融入,可引起学生更多共鸣,将知识教育同价值教育相结合,打破专业教育和思政教育"两张皮"的瓶颈。

2. 融入媒介

新媒体的崛起进一步推动社会进入"全程媒体、全息媒体、全员媒体、全效媒体"时代,传统媒介的权威受到挑战,甚至被消解。伴随着网络成长的新一代学生接收信息的渠道更广,方式更灵活多样,传统教学模式显然不再能满足高效传播知识信息的需求。在这样的新形势下,"课程思政"融入专业教学也应结合新的媒介形式,尤其是线上教学期间,教师的课前备课、课堂上的教学与互动、课后的作业布置与完成几乎全部在网络上进行,因此,教师更应充分利用网络资源,在知识传授的过程中打破纸质教材的单一性,探索如何以更加多元化的方式进行教学活动。

---

① 高德毅:《从思政课程到课程思政:从战略高度构建高校思想政治教育课程体系》,载《中国高等教育》2017年第1期,第43-46页。

以笔者所在的大连外国语大学亚非语言学院为例，2020年3月，学院曾向学生发起"为阿拉伯国家送祝福"的征稿活动，要求用所学外语进行创作，以书法、音乐、视频等多种形式参与投稿。许多阿拉伯国家本就深受战争苦难，经济低迷、政治动荡，突如其来的疫情更是雪上加霜。该活动呼吁学生发扬人文主义精神，为阿拉伯国家人民、为当地留学的中国学子送上鼓舞和祝福。此次活动既凸显了课程思政的内核精神，也是学生利用丰富的媒体资源展开自主学习的良机。然而对大一学生来说，他们的外语水平还不足以让他们自如地表达内心所思、胸中所感，此时教师的指引就显得尤为重要。

笔者尝试将此次实践活动变为一次启发式的学习任务，在网络上搜索并下载了一个阿拉伯国家中文系学生为中国武汉送祝福的视频，视频语言为中文，配有阿拉伯语字幕。该视频生词量和句型结构难度适中，符合大一学生语言水平；用词生动、贴近时代，许多词语都是学生可日常使用的高频词汇，能激发学习兴趣；视频内容和价值积极向上，且与本次征稿活动主题吻合，对学生来说是模仿和学习的良好素材。最后，学生对视频文案进行了学习和改编，高效完成了本次实践活动。此类活动能够为课程思政注入活力，能在与专业学科结合的基础上，激励学生自发、自主地利用网络资源媒介展开外语学习，将语言技能的训练和爱国情怀、时代使命紧密结合。

3. 融入内容

有学者将"课程思政"定义为："高校教师在传授课程知识的基础上引导学生将所学的知识转化为内在德性，转化为自己精神系统的有机构成，转化为自己的一种素质或能力，成为个体认识世界与改造世界的基本能力和方法。"[①] 教师选择融入专业课堂中的思政内容至关重要，没有良好的内容设计，课程思政就如同无源之水，难以发挥其功能。教师首先应重视教学内容的价值引领功能，从源头、目标和过程上加强完善课程设计。

"课程思政如果生硬造作，如果被理解为所有老师都要讲一点思政课的内容、所有课程在专业内容之外都要另行添加一些思政元素，就会出现'两张皮''贴标签'的情形，一定效果不佳。"[②] 对阿拉伯语专业的课程思政来说，思政教育要始终立足于语言教学，最大限度实现二者的契合。其实，目前阿拉伯语专业所使用的教材本就是以培养学生文化修养和道德品质为导向的，课本虽已出版多年，但其中所囊括的经典话题不会过时，是每个时代都需要思索和探讨的问题。因此，教师应充分发挥教材功能，深挖教材中的思政元素，与当下时事相结合，

---

① 邱伟光：《课程思政的价值意蕴与生成路径》，载《思想理论教育》2017年第7期，第10－14页。
② 彭刚：《课程思政要如盐在水》，载《中国青年报》2020年6月8日第5版。

使教学内容符合教学进度、符合学生水平，实现思政与外语教学的自然融合。

笔者在备课过程中，尝试首先提炼出教学重点，即厘清本课要求学生掌握用阿拉伯语表述何类话题，然后将课文主题与当前社会热点时事相结合，更大化发挥教材功能，在授课内容中体现社会主义核心价值观。以下为三个案例。

课文主题	教学重点	结合时事
出游	描述风景、建筑，表达出游心情	微博热搜"武大赏樱"
阿拉伯家庭	描述家庭成员的关系和角色、家庭状况	中国家庭今昔对比
在医院	描述症状、给出健康建议	疫情防护知识

案例一：疫情期间，武汉遭遇了许多非议和压力，在学生学习了"出游"的相关表达后，要求学生讨论武汉大学的樱花美景和历史建筑，引领他们消除偏见，热爱祖国每一寸土地，增强文化自信。

案例二：学习了解了阿拉伯国家的家庭情况后，引导学生叙述中国家庭的过往与现在，以小见大，感受国家、社会的发展历程。

案例三："医院"主题相关表达与疫情话题紧密相关，学生在用阿拉伯语梳理疫情防护知识的过程中，更能体会相信事实、相信科学的重要性。

结语

建设课程思政是为了实现知识传授、能力培养与价值引领的更优结合。建设阿拉伯语专业的课程思政需要在保留专业特色、重视语言教学的基础上，深入挖掘课程潜在的思政元素，深刻理解"立德树人"的含义，起到潜移默化培养学生价值观的作用。同时也需注重在专业课程中融入思政元素的方式、媒介和内容，探索多元化的教学方法、合理利用网络资源、充分利用专业教材。

突如其来的疫情给传统教育模式造成了冲击，也带来了创新、改革的契机，疫情终将结束，但对教学的思考不能终止，对"课程思政"的探索还需更广、更深，以真正做到"同向同行"，实现"协同效应"。

第五部分 综述

新文科助力新建设 新外语推动新发展：
高端阿拉伯语人才培养研究
——"新文科建设背景下高端阿拉伯语人才培养暨阿拉伯语专业课程思政研讨会"综述

张丹丹

摘　要：2020年8月，"新文科建设背景下高端阿拉伯语人才培养暨阿拉伯语专业课程思政研讨会"通过腾讯会议平台成功举办，150多名学者参加会议，45位学者进行了交流发言。会议研讨的内容涉及新文科背景下高端阿拉伯语人才培养、阿拉伯语专业课程思政的路径、阿拉伯语国别区域人才培养、线上阿拉伯语教学等议题。来自全国各地的阿拉伯语专家汇聚云端，站在新的历史方位上，在新文科建设背景下，开展阿拉伯语高端人才培养研讨，为更好地培养致力于中阿友好的高端人才、服务于中阿命运共同体建设起到促进作用。

关键词：阿拉伯语，人才培养，课程思政，新文科建设；研讨会

作者简介：张丹丹，北京第二外国语学院中东学院教学秘书。

2020年8月24—25日，由教育部高等学校外国语言文学类专业教学指导委员会阿拉伯语分委员会、中国阿拉伯语教学研究会主办，高校国别和区域研究人才培养院系联盟、北京第二外国语学院中东学院协办，中山大学国际翻译学院承办的"新文科建设背景下高端阿拉伯语人才培养暨阿拉伯语专业课程思政研讨会"成功举办。来自北京大学、复旦大学、中山大学、北京外国语大学、上海外国语大学、北京语言大学、北京第二外国语学院等国内20余所大学的150多位专家学者参加了研讨会。

研讨会围绕新文科背景下高端阿拉伯语人才培养、阿拉伯语专业课程思政的路径、阿拉伯语国别区域人才培养、线上阿拉伯语教学等议题进行了深入细致的研讨，响应了"新文科"建设以及在全国各高校各专业开展课程思政教育的时代呼唤。

本次研讨会所提交的论文的研究内容，涵盖学科、专业与人才培养，专业课程与课程思政建设，国别和区域研究，以及疫情背景下的线上教学等四个方面。上述四个方面的研究文章，少则两三篇，多则5篇。令人感慨和欣慰的是，每一

篇都是文章作者苦心孤诣的心得和真实体会，从中可见阿拉伯语教育、研究领域的专家们学术视野之开阔，方法思路之多元。

本次研讨会的发言嘉宾中，既有长期从事阿拉伯语专业教学、为中国阿拉伯语人才培养做出过卓越贡献的前辈专家，亦有大批活跃在阿拉伯语教学和研究领域的中青年新锐人才，为中国的阿拉伯语教学和研究平添了不少新鲜的气息与活力。可以看到，中国的阿拉伯语教学和研究的学术梯队已基本形成，新老接力，薪火相传。

仅从这部论文集来看，本次研讨会基本达到"开展阿语高端人才、中阿友好高端人才的培养研讨和促进服务中阿命运共同体建设"的初衷，会议论文涉及的议题亦大致符合最初的构想。

一、学科、专业与人才培养

教育部高校外国语言文学类专业教学指导委员会阿拉伯语分委员会主任委员、高校国别和区域研究工作秘书处主任、高校国别和区域研究人才培养院系联盟学术委员会主任、北京语言大学中东学院院长罗林教授做了题为"新文科建设与阿拉伯语人才培养"的演讲。罗林教授结合阿拉伯语教学分指导委员会起草并通过的《阿拉伯语新文科建设宣言》相关内容，分享了自身的理解和体会：第一，不忘初心，牢记使命，阿拉伯语专业要坚守服务国家战略的宗旨，要贯彻思政教育和培养社会主义建设接班人的理念。第二，要坚守优良传统，坚持阿拉伯语前辈们形成的阿拉伯语人才培养传统。第三，走出传统教学的舒适区，推动新文科建设。第四，在新文科建设中，阿语专业不能迷失航向，要充分发挥工具性的优势，但是不能被工具化、边缘化，成为其他学科和专业的附庸。此外，要从战略高度把握阿拉伯语专业国别和区域研究工作的时代背景和现实需求，抓紧抓实阿拉伯语国别和区域研究工作，持续产出高水平的思政服务成果；扎实推进交叉融合的新文科建设；不断加强教育对外开放的尝试，并提升水平。

教育部高校外国语言文学类专业教学指导委员会原秘书长、中国阿拉伯文学研究会原会长、上海外国语大学蔡伟良教授以"新文科、课程思政和阿语人才的三维培养"为题发表了演讲。蔡伟良教授认为，新文科建设背景下各个专业都应该有自己的设计，新文科建设的核心是在新时代背景下实现文科的创新性发展，其落脚点是培养优秀的人才。每个学校都应该形成自己的理论、机制和模式，进行顶层设计，与学校自身发展匹配。在课程思政方面，如何在专业课程中引入政治觉悟的培养和养成，需要找到一个切入点，即教学内容的改革优化和教学方法的创新。在人才培养方面，外语专业人才培养离不开外语能力的培养，一定要提升外语教学质量,主要就是培养语言知识和五项技能。面对疫情后的教学新常态,要创新方法和手段,充分利用网络教学的优势,优化教学内容,使学生养成自主学习的习惯。蔡伟良教授还谈到了文化素养,即是否具备文化识别和分析的能力,这需要课程供给,要考虑课程的模块化,尝试问题导入式和论文点评式教学。此外,蔡伟良教授强调了任何人才的培养都离不开青年教师的知识素养,要提升教师队伍素质和教学质量。最后,蔡伟良教授提出了一些建议,包括组建课程思政项目组,打通各校合作共享的通道等。

北京外国语大学阿拉伯语系原主任张宏教授发表了题为"高端阿拉伯语人才培养的专业教学"的演讲,主要阐述了关于专业人才培养的如下思考。第一是理念,教师要向学生们传达这样一个理念,即大学是一个现代国家的灵魂,是一个民族整体觉醒的标志,是研究学理的机构,是人格养成之所,是精神的摇篮,是理性和良知的支撑。必须高度认识大学的概念和作用。第二是教育的本质在于开发人的聪明才智和一切潜能,提高人的综合素质,推动人类社会和人类文明的发展。阿拉伯语专业旨在培养具有国际视野,掌握阿拉伯语语言文学和相关文化知识,具备语言应用能力、跨文化交际能力、思辨与创新能力、国情研判能力,能从事翻译管理教育以及涉外工作,并具有一定研究能力的阿拉伯语人才。其中,语言的基本功非常重要。第三是根据新"国标"的要求,教师要做到严、勤、活,即老师严格要求自己和学生,学生勤学、勤练、勤思考和敢于提问,以及活学活用。第四是具体的操作方法,包括听说领先、读写跟上、翻译经常、外语讲授、重点突出,还要以朗读、背诵、精准为先,以规律为上,学会辨别真伪对错,注重课上安排、导读,利用阿拉伯语学习平台,培养学生自学能力和习惯等。网络为新冠肺炎疫情防控期间的教学提供了创新的机会,但只是一种途径,传统的"耳提面命"仍然应该是教学的主要形式。

对外经济贸易大学葛铁鹰教授发表了题为"关于研究生论文选题大和小的思考"的演讲。葛铁鹰教授提出,无论是研究生还是本科生的毕业论文都应该注重学术成果,特别是本科生的论文在这方面重视程度不够,论文选题的受众有多少、对中阿文化交流的作用有多大,值得探讨。在选题方面,较大、较笼统的论文不容易通过,例如阿拉伯民俗学研究等选题。在阿拉伯语专业方面,论文选题是从大往小还是从小往大还需要研究。其他语言例如英语、俄语,较大的选题都已经有了丰富的研究成果并转向微细化,而我国目前的阿拉伯语研究,一些中等偏大的选题还没有完成。所以选题大一点的论文和专著带来的社会效益也显得大一些。中国阿拉伯语专业特别是本科生的论文很多都要求用阿拉伯语来完成,这种论文的学术价值特别是社会效益有限,难以符合现在讨论的新文科建设和人才培养要求。另外,阿拉伯语因其自身特点,本科生学习四年阿拉伯语尚难以具备用阿语完成 8000～10000 字论文的能力，可能会导致学生"另辟蹊径"。要让本科生的论文也具备学术价值，建议可以不强制要求学生用阿语完成论文，而是以数篇原文素材为基础编译出汉语论文，另以其他方式考查学生在学术方面的阿拉伯语水平。如果这么做，论文选题的范围就比较广泛，其中比较优秀的论文也可能发表。本科生论文能否发表也应该成为评价专业水平的一个标准。培养大学生的创造能力，让学生们的毕业论文成为展现大学生创造能力的一个平台。

　　北京外国语大学阿拉伯语系原主任薛庆国教授发表了题为"从阿拉伯语教学走向阿拉伯语教育"的演讲。薛庆国教授提到，近几年我国外语界提出要区分外语教学和外语教育这两个概念。外语教学侧重的是外语技能和知识教学，而外语教育的终极目的不止于技能和知识，而是在于教化。我国高校阿拉伯语专业曾经也存在重视教学、忽视教育的问题。2018 版"国标"中对外语教育的理念已经有了比较清晰的体现，阿拉伯语专业也应该按照"国标"的要求，借鉴英语教育的经验，实现从教学向教育的过渡。为了适应新文科的特点以及国家对阿拉伯语人才的更高要求，必须明确树立阿拉伯语教育的意识。在继承强调阿语专业语言基本功、重视精讲训练的传统上，在不放松培养语言能力的同时，充分发挥语言的育人功能，尤其要提高学生的人文素养、跨文化能力和思辨能力。人文素养内容丰富，与思政教育并行不悖，具有很强的现实意义。例如，如何在"一带一路"倡议的落实，中国和阿拉伯国家的交往中，展现中国并赢得阿拉伯人民的尊重和友谊，这在相当程度上直接取决于与阿拉伯人民们直接交往的中国人形象。另一方面，随着人工智能技术的发展，低端的中阿互译和简单的交流沟通不久将被人工智能取代，但是高素质人才从事的富有智慧、知识、创意等的工作是难以取代的。关于跨文化能力，阿拉伯语人才除了掌握语言技能知识外，还要尽可能掌握中国文化、阿拉伯和伊斯兰文化知识以及有关国别区域知识，并对西方文化和大中东文化有所了解。在与阿拉伯人交往时，尊重其文化和禁忌，做到求同存异，互相欣赏，并培养批判性意识。关于思辨能力，思辨能力是"国标"中外语教育应培养的能力之一。语言不仅是外语学习的目的，而且是开发智力、培养思辨能力的手段。如何在实践中落实阿拉伯语教育？我们需要改革教学的整个过程和方式，不仅涉及阿拉伯语专业，还要利用学校的公共基础课程、学术讲座、课外实践等。薛庆国教授建议各高校根据自身特色和条件，增设相应的非核心课程和选修课程，尤其是阿拉伯文学和文学史、中阿跨文化交际和中国文化及国情，具备条件的高校还可以开设阿拉伯伊斯兰文化经典研读、中东热点事件追踪和阿拉伯方言等课程。教材方面，建议阿拉伯语分指委组织实施，逐步完善高校阿拉伯语教材，补足缺失，更新已有，实现从教学到教育的转变。课堂方面，应该在传授语言知识和技能的同时，将综合素质的培养和提高纳入其中。目前外语毕业生人群中，低层次人才供过于求，高层次人才极其匮乏。因此，我们应努力追求培养高层次人才。

上海外国语大学科研处处长王有勇教授发表了题为"新文科背景下阿拉伯语专业人才培养的战略定位"的演讲。王有勇教授提出，新文科需要开设具有时代特征的新兴专业，也需要用新的方式去丰富既有文科专业的内涵，更需要基于中国实践加速构建能解释中国现象的理论体系，用中国的创新理论指导中国的改革开放实践。新文科建设要立足新时代，回应新需求，促进文科融合，提升时代性，加快中国化、国际化进程，引领人文社会科学新发展。参与全球治理需要一大批熟悉党和国家方针政策、了解我国国情、具有全球视野、熟练运用外语、通晓国际规则、精通国际谈判的专业人才。推进阿拉伯语专业发展的系统性改革，以立德树人为核心，培养"会语言、通国家、精领域"的社会主义阿拉伯语专业人才，在现代科技与语言科学的有机结合中，实现"五个战略定位"的彼此协同，此过程是一个稳定与变革、传统与革新相互交织的辩证过程。"五个战略定位"分别是：培养坚定的"以德为先"政治素养，培养深厚的"阿拉伯语+"人文素养，打造立体的"国别区域+"综合能力，发展精湛的"交叉领域+"专业能力，拓展前沿的"语言智能+"科技能力。要处理六对辩证统一关系："老"与"新"、"变"与"不变"、"形式"与"内容"、"科学性"与"价值性"、"共性"与"个性"以及"本土化"与"国际化"。此外，要提升四种能力：语言、学科、研究和话语。

对外经济贸易大学邹兰芳教授发表了题为"阿拉伯语语言文学专业与高层次研究生的培养"的演讲。邹兰芳教授提出，高层次研究生的培养是学科建设非常重要的一环，学生博士毕业后进入高校将成为师资力量非常重要的组成部分。对于新文科建设，喜忧参半。喜的是打破"分科立学"，实现"学科交叉和融合""学科间的借鉴和互补"，把新技术融入哲学、文学、语言等课程中，从而推动文科的改革创新。忧的是如果过度融合，就又回到中国传统教育的"混沌之学""疆界不明"的境地。我们要守住阿拉伯语教学的优势，它是我们专业得以发展的根本和动力。如何找到一个切入口，是我们要思考的。我们能否首先实现研究生的知识交叉，不能学太多语言知识后，却缺乏逻辑思维能力和对文史哲的理解思辨能力，语言表达能力不足。"学科融合"要突出重点，"根生才能叶茂，厚积才能薄发"，基础的重要性是不言而喻的。过度的"功利化"及"有用""无用"论就导致"新文科"失去赖以生存的基础，达不到深度融通。在研究生的教学过程中，可以较早采纳文史哲交融的理念，让学生在研一阶段开始逻辑思维、学术和写作的训练。在文学研究方面，要突破四个瓶颈，即社会历史文化分析法的局限性、就事论事文本内评论的非学术性、无理论框架的论文学术含量较少、无学理基础又缺乏学科规范。操作上有三个方面的经验：一是宏观理论和微观概念的关系，二是如何选题，三是如何写作。

教育部阿拉伯语专业教指委副主任委员、对外经济贸易大学外语学院原副院长、现上海外国语大学中东研究所丁隆教授发表了题为"阿拉伯语复合人才培养模式探索"的演讲。丁隆教授提出，阿拉伯语学习难度非常高，很多学生毕业后没有用好阿拉伯语。无论在部委、高校还是企业，只会阿拉伯语是处于劣势的，很多核心业务接触不到。许多外语学习者都存在知识结构的缺陷，外语学习者相对比较保守，改革创新意识不强。当前外语教学也处于百年未有之大变局。因此，需要注意的是：一是不能保守，特别是传统强校不能保守，要大胆改革，因材施教；二是要实事求是，不能追求"时髦"，不是每个学校都与人工智能或国家战略等有特别密切的关系。要在阿语专业上做好，专业没做好就去追求别的，会是竹篮打水一场空。外语类院校的融合还是要从改革自身课程体系开始，引入人文类课程。从长远角度看，知识结构比外语能力更让人受益。外语专业人才培养要注意以下几个误区：外语人才不等于翻译、外语专业不等于语言文学、外语教学不等于技能训练、外语学习不等于放弃学术和思辨。传统外语人才的局限性，主要在于知识结构、学术素养、逻辑思维、宏观视野和写作能力。"一带一路"对外语人才的要求需要国际化商务人才，而非外语人才。对外经贸大学人才培养模式改革主要是开展主辅修制、实验班和荣誉学位，在原有阿语专业中引入经贸知识，进行商务阿语复合型人才培养模式。

北京第二外国语学院教务处原处长张洪仪教授发表了题为"外语学科始终要强调基本功"的演讲，教育部高校外国语言文学类专业教学指导委员会阿拉伯语分委员会副主任委员、中国阿拉伯语教学研究会会长、北京大学外国语学院副院长付志明教授发表了关于"专业阿拉伯语人才培养及课程设置的再思考"的演讲，北京外国语大学阿拉伯学院院长刘欣路教授深度分析了"新时代外语学科创新发展的内涵与路径"，北京第二外国语学院教授、教育部高校外国语言文学类专业教学指导委员会阿拉伯语分委员会副主任委员肖凌教授发表了题为"后疫情时代阿拉伯语专业人才培养思考与展望"的演讲，西安外国语大学亚非学院院长马福德教授发表了题为"新时期阿语卓越人才培养体系建设的一些思考"的演讲，浙江外国语学院东语学院阿拉伯语系主任刘彬做了题为"学科素养视角下阿拉伯语专业思政'课程群'建设的思考"的发言，西北师范大学外国语学院讲师丁继光探讨了"新时代我国师范类高校阿语专业建设的思路与设想"。

二、专业课程与课程思政建设

上海外国语大学东方语学院原院长陆培勇教授发表了题为"新文科背景下高校阿拉伯语本科专业课程改革的几点思考"的演讲。陆培勇教授指出，新文科建设的主题就是中国特色，要以中国的经验进行观察和分析，探索中国自己的文科。外语专业特别是阿拉伯语专业，人才培养必须对接国家重大战略，服务于经济社会发展。如何改革人才培养体制、构建新型人才培养模式以及阿语本科专业课程设置，值得深思。有三个问题非常关键：一是师资建设问题。教师要理论结合实践，目前高校阿语专业绝大部分教师特别是年轻教师没有长期国外工作或学习的经历，在实践上有缺陷，没有对新知识的及时补充，也无法深入了解阿拉伯国家国情，制约了教育水平和科研能力的提高。另外，各高校教师的"近亲繁殖"虽具有传承性，但缺乏创新，这不利于阿语专业的教学改革，好在绝大部分学校都意识到了这一点。二是教学理念的转变。除了强化学生语言基本训练外，还要拓宽学生的国际视野，培养学生的国际政治和经济意识，培养其跨学科知识能力、思辨能力、文化意识和学习素养。三是课程设置要接轨。阿语专业课程更应该结合"一带一路"倡议建设的实施。一、二年级着重语言基础训练，三、四年级就应该注重多元复合、多科融合的通识教育。陆培勇教授还提出两点建议：一是开设阿拉伯语方言课程的重要性，在阿拉伯国家中，口语和书面语的差别非常明显，可以利用、聘请外教来开设方言课程。二是全面评估阿语四级考试的实际效果，修订四级考试涵盖的内容。

上海外国语大学中阿改革发展研究中心副教授陈越洋做了题为"阿拉伯语政治外交与中阿关系课程思政的路径探索"的发言。她提到，阿拉伯语政治外交与中阿关系课程主要由三大模块组成，即阿拉伯国家政体国情、对外关系以及中国对阿重要文件和中国领导人对阿重要讲话解读。课程以历史为线，通过对中国和阿拉伯国家外交关系发展历史与现状的梳理帮助学生在了解历史的基础上，以史为鉴，正确认识当今中阿关系，从而充分挖掘课程中的育人功能，引导学生为中阿间的增信释疑做出力所能及的贡献。同时也让学生初步熟悉区域国别研究的理论知识和方法，初步具备对外交往工作的交流和翻译能力。教学方法的总体原则是设计问题、引导讨论和从旁激发。在授课中发现，日常教学以语言教学为主，学生仍对相关的历史、国情、现状的了解十分欠缺。这也是思政课程开设的主要目的，在借助语言工具的基础上，更多地了解中国与对象国的国情与历史交往，在人文交流中更加顺畅地传递信息，加强中阿间互相认识，为双方的增信释疑做出贡献。

上海外国语大学高级翻译学院张秀丽博士做了题为"阿拉伯语口译专业课程思政的路径"的发言。她提到，将思想政治教育元素以潜移默化的方式有效融于口译专业课堂教学环节，更易于学生接受和吸收，最终实现思想政治教育与知识体系教育的有机统一。主要可通过加强专业课教师的课程思政理念培训、加强专业课与思政课教师及中外专业课教师间的协作、使用多元化的教学方法、完善思政教学资源、拓宽课程思政的实施途径等加以实施。

天津外国语大学亚非语学院讲师黄芃做了题为"基础阿拉伯语教学中开展课程思政的思考与实践"的发言，从课程思政的重要意义、具体做法、主要成效、收获体会这四个方面，对在基础阿拉伯语教学中开展"课程思政"从理论上进行了探讨，并介绍了教学实践中的做法和成效。黄芃主张，要在充分挖掘学科、专业中蕴涵的丰富的思想政治教育内容的基础上，将思想政治教育内容融入课程教学和改革的各环节、各方面，努力实现专业教学与思想政治教育的有机融合。

广东外语外贸大学南国商学院东方语言文化学院阿拉伯语系讲师乔璐璐做了题为"阿拉伯语基础教学阶段课程思政的设计与探索"的发言。她提到，要在基础教学阶段切实落实课堂思政，首先要明确课堂思政的内涵与定位，清楚它在教学中存在的问题，宏观掌握课堂思政的整体设计，确定思政教育目标，挖掘思政元素，选择思政教育载体，开展思政教育活动。思政内容不仅包含政治观教育，还有道德观、世界观、人生观、法治观教育等各个方面的内容，重点引导学生的价值追求，培养学生的学术精神。在阿拉伯语基础教学中贯彻落实课程思政，首先要清楚课堂思政的目标在本质上与专业培养的目标是高度统一的，因而贯彻它并不是生搬硬造地讲理论、讲政治，而是将思政元素与课文、会话、单词等内容完美地融合在一起。在课前准备中要挖掘课文、会话中的思政因素，设置相关问题，与时事新闻、典型事迹、理念观点等素材联系在一起，在课上以问题引导学生进入主题，组织学生进行小组讨论和观点发表，最后由教师进行点评，整个过程要突出"以学生为中心"。

上海外国语大学东方语学院讲师刘磊博士做了题为"系统科学视角下大学外语合作式课堂教学研究——以大学阿拉伯语本科课堂教学实践为例"的发言，主要分享了三方面的内容：第一是系统科学理论在合作式课堂教学中的运用。外语课堂是一个复杂的、动态的系统，系统中各类要素之间具有非线性的相互协同作用，合作式课堂教学中的协同关系包括师生协同和生生协同。系统科学的信息论观点也需要建立师生和生生之间的有效互动，从而完成信息流的传递。第二是大学外语课堂教学中的互动与合作。互动与合作对外语课堂教学有非常积极的促进作用。小组互动的有效性取决于小组成员参与互动的质量，互动质量有平等性和相互性两个维度。通过对这两个维度的横向比较，可归纳得出大学外语课堂小组互动模式,即合作型、轮流型、主导/被动型和专家/新手型。其中,合作型和专家/新手型有促进作用,轮流型和主导/被动型作用不明显。在小组合作学习中,大学主要运用自学模式与合作模式。多项研究表明,合作学习要比竞争式学习更能促进学生取得良好的学习效果,尤其适用于以培养交际能力为目标的外语课堂教学。第三是基于合作学习理念的阿拉伯语教学实践,可以分为课内实践和课外实践。刘磊老师以写作和短剧表演为例进行了简要介绍。合作式课堂教学是大学外语教学中行之有效的教学形式。在合作学习中,启发式、探究式的师生互动和生生互动极大地激发了学生的求知欲,加深了学生对专业知识的认识,也提高了学生的交际能力和思辨能力。

北京外国语大学阿拉伯学院讲师孟炳君博士做了题为"阿拉伯语精读课堂学生交际能力培养的 POA 路径"的发言。POA 理论即"产出导向法",该理论主要分为驱动环节、促成环节和评价环节。其核心是"产出任务",分为大任务和小任务,在每个任务中都无限循环"驱动—促成—评价"环节。之所以选择 POA 理论,是因为在教学过程中面临的最大问题是如何最大限度地发挥教材(主要是指课文和对话)的作用,如应用、语篇结构和句型等。孟炳君老师举例介绍了 POA 理论指导下的精读课堂设计,包括总产出活动,子产出活动,产出目标、目标语言、内容和结构。驱动环节包括交际场景呈现、产出任务尝试和找出差距,促成环节包括结构促成和语言与内容促成。以 POA 理论设计的课程能够使教学内容更聚焦,兼顾篇章,语言内容教学更具针对性。

北京外国语大学阿拉伯语系原书记蒋传瑛教授深入探讨了"阿拉伯基础语法课程思政路径探索",北京外国语大学阿拉伯学院叶良英教授发表了题为"《习近平谈治国理政》多语版引入阿语专业大三精读课教学的实践探索"的演讲,北京语言大学中东学院阿拉伯语系主任、副教授陆映波做了题为"阿拉伯语专业课程思政建设的几点思考"的发言,北京第二外国语学院中东学院院长侯宇翔副教授深入探讨了"新形势下的外语类高校国别和区域研究人才培养"问题,四川外国语大学东方语学院院长助理、吴昊教授深入分析探讨了"阿拉伯语专业课程思政新路径——《习近平谈治国理政》'三进'实践研究",广东外语外贸大学日语、亚非学院副教授劳凌玲发表了题为"阿拉伯语专业口译课思政路径探索"的演讲,北京外国语大学阿拉伯学院讲师黄超发表了题为"中央政府文献与笔译教学的课程思政融合——以中阿经贸笔译为例"的演讲,吉林外国语大学东方语学院院长助理、讲师韩家盛发表了题为"阿拉伯语专业课程思政的路径探索"的演讲。

三、国别和区域人才培养

北京第二外国语学院原校长、教育部高校外国语言文学类专业教学指导委员会阿拉伯语分委员会原主任委员、浙江外国语学院国别区域研究中心主任、中国中东学会副会长周烈教授作了题为"关于国别区域人才培养的几个问题"的发言。他谈到了"怎么理解'新文科'""为什么要培养国别区域研究人才""国别和区域研究需要什么样的人才"以及"如何培养国别和区域研究人才"这四个问题。周烈教授首先指出,"新文科"以中国特色哲学社会科学为核心内容,反映、呈现和包含中国经验、中国材料、中国数据的文科,它是追求学科融合,强调学科交叉,乃至产生新的文科门类,倡导破除学科壁垒走向各学科"大融合"的文科,重问题轻学科将是"新文科"的核心追求。他指出,国别和区域研究是对外开放的需要,是"一带一路"建设的需要,是构建人类命运共同体的需要,是提升国家软实力的需要,也是维护国家安全、实现中华民族伟大复兴的需要,同时也指出,目前我国高校的国别和区域研究,特别是一些新生智库都面临一些问题。做国别区域研究的任务是资政、资商、启民、发声,因此,做国别区域研究需要的人才要有问题意识、前瞻性,要更勤勉务实,具体可集中在"专""精""博""实"这四个方面。最后,周烈教授基于如何培养国别和区域研究人才提出了他的观点:应探索"新文科"背景下国别和区域研究人才培养的模式和路径、构建跨学科的人才培养体系、立足于外语不动摇、强调多元化的学科知识和实践经历。

对外经济贸易大学外语学院原院长、中国阿拉伯语教学研究会原会长杨言洪教授作了题为"区域国别研究:几点思考与尝试"的主旨演讲。杨言洪教授谈到了区域国别研究的学科属性,指出区域国别研究是国情学的正名、延伸与提升,以对象国语言为工具、以对象国国情研究为基础,是内容最为丰富、涵盖面最广的交叉学科之一,目前学科分类中任何单一学科难承其重。他还探讨了在开展人才培养与学术研究时均应考虑如何发挥多学科的作用和交叉学科的优势,阐述了区域国别研究中外语学科面临的机遇与挑战。目前区域国别研究的学科归属,对外语学科而言是一个巨大的发展机遇;在人才培养与学术研究两方面对外语学科来说均是挑战,包括师资的学术背景,相关知识的储备,学术研究能力的提升,培养方案与培养路径,甚至培养模式都需要调整。杨言洪教授介绍了清华大学"发展中国家"人才培养项目的启示。最后谈到了区域国别研究拓宽了外语学科的生存与发展空间。外国语言文学学科中除去英语与俄语外,几乎没有与各专业对应的 C 刊,零起点外语专业教师面临的局面便是"报国无门"。此外,国家级、省部级课题与项目的局面同样严峻。据统计，外国语言文学学科历年获准立项的国家级、省部级课题约80%由英语专业获得，其他外语学科机会实在太少。所以，各高校外语学科纷纷行动起来，寻找学科发展与学术研究的突破口，区域国别研究无疑为外语学科打开了新的发展空间。

对外经济贸易大学外语学院学术委员会主任余玉萍教授作了题为"新文科理念下阿拉伯文学高端研究人才的培养"的发言。她在解读"何谓'新文科'"时谈到，新文科首先志在实现文科内部的交叉融合，其次也寻求与理工科进行交流的可能性。发展新文科，对于外语学科尤其是小语种学科而言是一种机遇。这种机遇，既是跨学科的新导向所带来的，也与国家"一带一路"倡议密不可分。新文科理念下的学科整合效应赋予了文学研究新的意义，在此背景下，外国文学研究可以走内涵式发展的道路，可以利用人文科学中"文、史、哲"三者之间天然的鼎立与统一关系，将语言对象国的文学研究与相关历史、哲学、文化知识相融合，体现文学研究的深厚底蕴。而对于阿拉伯文学研究者的培养，当注重其外语能力、文学理论素养、通识类知识积累等方面。

中山大学国际翻译学院陈杰教授做了题为"外语专业国别和区域研究人才培养中的教材问题"的发言，北京大学阿拉伯语系主任、中国阿拉伯文学研究会会长林丰民教授深入探讨了"新文科背景下北京大学阿拉伯语课程改革与中东研究复合型高端人才培养"，北京第二外国语学院中东学院助教李桂群做了题为"从北京第二外国语学院《阿拉伯历史》课程建设窥探国别区域人才培养"的发言，哈尔滨师范大学东语学院讲师宋佳柏做了题为"师范类高校'阿拉伯语+汉语国际教育'人才培养模式合理性探索"的发言。

四、阿拉伯语线上教学

教育部阿拉伯语专业教指委原秘书长、北京外国语大学齐明敏教授发表了题为"'集中强化'与'潜移默化'缺一不可——线上口译课问卷结果解读"的演讲。齐明敏教授首先介绍了大三下学期政治外交口译课程，包括课程的知识目标、能力目标和素质目标；具体的教学内容安排共15个单元；教学要求如听译、视译阿语政治外交音视频材料、跟踪阅读有关网站首页信息、收集整理"中国特色词汇"；线上授课方式包括课前布置以及课上检测和即席练习；采用的教材，如《习近平谈治国理政》阿文版、有关网站首页；考核与总评方式，包括平时课上课下练习抽查、期末考试。齐明敏教授还介绍了网课流程简介和网课流程学生评价，并在最后进行了总结：要实现课程目标，必须是课堂的"集中训练"和每日、每周的自主练习结合。经每日练习"潜移默化"的进展本身确实不易察觉，但长久积累绝对是必要的。

浙江工商大学东方语言与哲学学院阿拉伯语系主任周玲教授做了关于"云端教育新路程——浙江工商大学东方语言与哲学学院阿拉伯语系疫期教学事务纪实"的演讲，复旦大学外国语言文学学院讲师廖静探讨了"基于 QM 评审标准的阿拉伯语在线教学实践与反思"，对外经贸大学外语学院讲师林哲做了题为"低年级学生阿拉伯语精读网络教学实践探究——以对外经贸大学阿语教学为例"的发言，中山大学国际翻译学院助教刘利华做了题为"阿拉伯语在线教学与线下教学的差异：机遇、问题与对策"的发言，北京第二外国语学院中东学院助教黄楹做了"线上阿拉伯语教学的成绩、问题与对策——以阿语口译（经贸）线上课程为例"的发言，信息工程大学洛阳校区助教蔡恒丽探讨了"基于 BOPPPS 教学模式的阿拉伯语阅读课混合式课堂"，大连外国语大学亚非语言学院助教张洁颖提出了"疫情期间将课程思政融入阿拉伯语专业本科低年级线上教学的思考"。

本次研讨会期间，在中山大学阿拉伯语系主任马妍哲副教授、北京第二外国语学院中东学院副院长魏启荣教授和浙江外国语学院东方语学院曹笑笑副教授的联袂主持下，还举行了"首届全国阿语专业资深教授与青年教师'传帮带'在线座谈会"活动，为阿语界青年教师向资深教授请益搭建了一个有意义的平台。阿拉伯语界的资深教授们以他们深厚的学术造诣和长年在人才培养一线的切身体会，进行了精彩的观点分享，提出了许多具有高度学术价值和应用价值的高端阿语人才培养建议，令后学获益匪浅。他们分别是周烈教授、张洪仪教授、张宏教授、蒋传瑛教授、齐明敏教授、杨言洪教授、葛铁鹰教授、蔡伟良教授以及陆培勇教授。在此也利用论文结集出版的机会向他们表示崇高的敬意和诚挚的感谢。

新冠肺炎疫情发生以来，中国和阿拉伯国家风雨同舟、守望相助，相互支持、密切合作，构成中阿命运与共的生动写照。如今，来自全国各地的阿语同仁汇聚云端，站在新的历史方位上，在新文科建设背景下，开展阿语高端人才培养研讨，必定会为更好地培养致力于中阿友好的高端人才、服务于中阿命运共同体建设起到巨大的推进作用。诸位阿拉伯语专家学者在本次"新文科建设背景下高端阿拉伯语人才培养暨阿拉伯语专业课程思政研讨会"上的佳作与高论，将留给我们一段难忘的记忆！